# 紫柏真可

高僧傳

## 鐵膽禪僧

編撰——釋智嚴

【編撰者簡介】

## 釋智嚴

智嚴法師，俗姓文。東海大學外文系畢，法光研究所畢。一九八九年十二月，依止上性下旻法師出家，剃度於汐止慈航紀念堂。

曾任《法光雜誌》編輯，並曾任教於慈航佛學院、臺北桑耶精舍、智光商職等。二〇一五年完成《慈航法師全集》編撰工作。

# 【「高僧傳」系列編輯序】

## 令眾生生歡喜者，則令一切如來歡喜

「為佛教，為眾生」六個字，乃是印順法師於臺北市龍江街慧日講堂（後因大門遷移，地址遷至朱崙街）為證嚴法師授予三皈依、並賜法名時的殷殷叮囑：「既然出家了，你要時時刻刻為佛教、為眾生。」

依證嚴法師解釋：「為佛教」是內修清淨行，「為眾生」則要挑起如來家業，走入人群救度眾生。因此法師稟承師訓，一心一志「為佛教還原教義，為眾生點亮心燈」，而開展慈濟眾生的志業。

## 歷代高僧之「為佛教、為眾生」

證嚴法師開創「靜思法脈，慈濟宗門」，並將其與「為佛教，為眾生」合釋：「靜思法脈」乃「為佛教」，是智慧；「慈濟宗門」即「為眾生」，是大愛。

進而言之，「靜思法脈，慈濟宗門」即菩薩道所強調的「悲智雙運」：「靜思法脈」是「智」，「慈濟宗門」是「悲」；傳承法脈、弘揚宗門就要「悲智雙運」，積極在人間發揮慈、悲、喜、捨四無量心。此亦即慈濟人開展四大志業、八大法印時的根本心要。

由其強調「悲智雙運」可知，「靜思法脈，慈濟宗門」並非標新立異，而是傳承佛陀教法以及漢傳佛教歷代高僧的教誨——包括身教與言教，並要求身心皆徹底踐履。為了讓世人明瞭慈濟宗門之初心與悲願，也讓這些歷代高僧的事蹟與精神更廣為人知，大愛電視臺秉持證嚴法師的信念，於二〇〇三年起陸續製作《鑑真大和尚》與《印順導師傳》動畫電影，將佛教史上高僧大德的動人故事，經由動畫電影的形式，傳遞到全世界。

因為電影的成功，大愛電視臺進一步籌畫更詳盡的電視版〈高僧傳〉——採取臺灣民眾雅俗共賞的歌仔戲形式。〈高僧傳〉的每一部劇本都是經過數個月的資料研讀與整理，縝密思考後才下筆，句句考證、字字斟酌。製作團隊感受到每一位大師皆以身作則、行菩薩道的特質，希望將每位高僧的大願與大行傳遍世界。

然而，不論是動畫或戲劇，恐難完整呈現《高僧傳》中所載之生命歷程，以及諸位高僧與祖師之思想以及對後世之貢獻。因此，慈濟人文志業中心便就〈高僧傳〉歌仔戲所演繹過的高僧，以《高僧傳》及《續高僧傳》之原著為基礎，含括了日、韓等國之佛教史上的知名高僧，編撰「高僧傳」系列叢書。我們不採取坊間已有之小說體形式，而是嚴謹地參照人物評傳的現代寫法，參酌相關之史著及評論，對其事蹟有所探討與省思，並將其社會背景、思想及影響皆納入，雜揉編撰，內容包括高僧的生平、傳承及主要思想或重要經典簡介。從中，我們不僅可以讀到歷代高僧的智慧與悲心，亦可一覽相關的佛教史地、典籍與思想。

在編輯過程中，我們可以看到歷代高僧之「為佛教，為眾生」：鳩摩羅什飽受戰亂、顛沛流離，仍戮力譯經，得令後人傳誦不絕，乃是為利益眾生；玄奘歷萬里之險取得梵本佛經、致力翻譯，其苦心孤詣，是為利益眾生；鑑真六次渡海欲至東瀛傳戒，眼盲亦不悔，是為利益眾生；六祖惠能隱居十五載以避害身之禍，只為弘揚如來心法，並言「佛法在世間，不離世間覺；離世求菩提，猶如覓兔角」，亦是為利益眾生……

這些高僧祖師大可獨善其身、如法修行以得解脫，為何要為法忘身、受諸逆境而不退？究其根本，他們不只是為了參究佛法，而是深知弘揚大乘佛法的目的乃在於大慈大悲地度化眾生、讓眾生能得安樂；若不能讓眾生同霑法益，求法何用？如《大智度論．卷二七》所云：

一切諸佛法中，慈悲為大；若無大慈大悲，便早入涅槃。

由此可知，就大乘精神而言，「為佛教」即應「為眾生」，實為一體之兩面。

## 「大悲」為「諸佛之祖母」

除了歷代高僧之示現，「為眾生」之菩薩道的實踐，於經教中更是多不勝數、歷歷可證。例如，《無量義經．德行品第一》便說明了菩薩作為眾生之大導師、大船師、大醫王之無量大悲：

無量大悲救苦眾生，是諸眾生真善知識，是諸眾生大良福田，是諸眾生不請之師，是諸眾生安隱樂處、救處、護處、大依止處。處處為眾作大導師，能為生盲而作眼目，聾劓啞者作耳鼻舌；諸根毀缺能令具足，顛狂荒亂作大正念。船師、大船師運載群生渡生死河，置涅槃岸；醫王、大醫王，分別病相曉了藥性，隨病授藥令眾樂服；調御、大調御，無諸放逸行，猶如象馬師，能調無不調；師子勇猛，威伏眾獸，難可沮壞。

如來於《法華經．觀世音菩薩普門品》中宣說，觀世音菩薩更以三十三種應化身度化眾生：

佛告無盡意菩薩：善男子，若有國土眾生，應以佛身得度者，觀世音菩薩即現佛身而為說法；應以辟支佛身得度者，即現辟支佛身而為說法；應以聲聞身得度者，即現聲聞身而為說法；應以梵王身得度者，即現梵王身而為說法；應以帝釋身得度者，即現帝釋身而為說法……應以天龍、夜叉、乾闥婆、阿修羅、迦樓羅、緊那羅、摩睺羅伽、人非人等身得度者，即皆現之而為說法；應以執金剛神得度者，即現執金剛神而為說法。無盡意，是觀世音菩薩成就如是功德，以種種形遊諸國土，度脫眾生，是故汝等應當一心供養觀世音菩薩。是觀世音菩薩摩訶薩，於怖畏急難之中能施無畏，是故此娑婆世界皆號之為施無畏者。

為何觀世音菩薩要聞聲救苦？因為菩薩總是「人傷我痛、人苦我悲」，恆以「利他」為念。如《大丈夫論》所云：

菩薩見他苦時，即是菩薩極苦；見他樂時，即是菩薩大樂。以是故，菩薩恆為利他。

正是因為這般順隨眾生、「以種種形」而令其無畏的無量悲心，讓觀世音菩薩受到漢傳佛教乃至於華人民間信仰的共同崇敬。慈濟人之所以超越貧富、超越國界、超越宗教地去關懷與膚慰需要幫助的生命，便是效法觀世音菩薩無量悲心、無量應化的精神。

在《法華經．普賢菩薩勸發品》中發願、將於佛滅後守護及教導受持《法華經》之眾生的普賢菩薩，於《華嚴經．普賢行願品》中則教導善財童子如何供養諸佛，亦揭示了如來、菩薩、眾生的關係：

於諸病苦，為作良醫；於失道者，示其正路；於闇夜中，為作光明；於貧窮者，令得伏藏。菩薩如是平等饒益一切眾生。何以故？菩薩若能隨順眾生，則為隨順供養諸佛；若於眾生，尊重承事，則為尊重承事如來；若令眾生生歡喜者，則令一切如來歡喜。何以故？諸佛如來，以大悲心而為體故。因於眾生，而起大悲；因於大悲，生菩提心；因菩提心，成等正覺。……若諸菩薩，以大悲水饒益眾生，則能成就阿耨多羅三藐三菩提故。是故菩提，屬於眾生；若無眾生，一切菩薩終不能成無上正覺。善男子，汝於此義，應如是解。以於眾生心平等故，則能成就圓滿大悲；以大悲心隨眾生故，則能成就供養如來。

《大智度論．卷二〇》亦云，佛陀強調，大悲心乃是諸佛菩薩之根本，具大悲心方能得般若智慧，亦方能成佛：

大悲，是一切諸佛、菩薩功德之根本，是般若波羅蜜之母，諸佛之祖母。菩薩以大悲心，故得般若波羅蜜；得般若波羅蜜，故得作佛。

「菩薩若能隨順眾生，則為隨順供養諸佛；若於眾生，尊重承事，則為尊重承事如來；若令眾生生歡喜者，則令一切如來歡喜。」閱及此段，不禁令人深深體會證嚴法師之智慧與悲心：慈濟宗門四大、八印之聞聲救苦、無量應化地「為眾生」，也是同時「為佛教」地供養諸佛、令一切如來歡喜啊！

歷代高僧雖未如慈濟宗門般推動慈善、醫療、乃至於環保、國際賑災等志業，乃因其時空因素，欲度化眾生先以弘揚大乘經教與法義為重；現今經教已備，所須的乃是效法菩薩道之力行實踐！慈濟宗門便是上承歷代高僧與經論之教法，推動四大、八印，行菩薩道饒益眾生，以此供養如來。

換言之，歷代高僧之風範、智慧及悲願，為佛教，也為眾生，此即諸佛菩薩之本懷，亦為慈濟宗門之本懷！這便是《高僧傳》系列叢書所欲彰顯者。

遙企歷代高僧儼然身影，我們可以肯定：為眾生，便是為佛教；為佛教，一定要為眾生！

【推薦序】

# 紫柏真可與晚明佛教之開展

——闞正宗（佛光大學佛教學系副教授）

智嚴法師以紫柏真可為題，重寫大師的生平記事，全書六章，從紫柏的誕生成長、出家受戒、參師訪道、發願刻經到癸卯冤獄，貫穿其一生，同時也把紫柏在禪法、戒律、淨土、唯識、華嚴等思想影響一一闡明，可說是全面之作。今索序於吾，謹以閱後聊贅數語，表示出版祝賀。

明朝是純漢民族所建立的國家，朱元璋建國之後，一方面保護佛教，一方面限制佛教。他對佛教採取四種政策：一、重禮法；二、拔擢儒僧還俗出仕；三、將元朝本有「禪、講、律」三種寺院，改為「禪、講、教」；四、建立僧官制度。

洪武十五年（西元一三八二年）朱元璋將僧人規定為「禪、講、教」三種型態：「禪」，即指禪門各宗；「講」，則專門注重研修講說佛教義理的天台、華嚴諸宗；「教」，則是指專門念誦真言密咒，演行瑜伽顯密法事儀式者。然而，隨著歷朝的演變與社會變遷，逐漸產生弊病。

由於教僧（經懺僧）因應付需要，必須與民眾頻頻接觸，洪武二十四年（一三九一）特別須布了「申明佛教榜冊」，榜冊內容詳盡規定「道場諸品經咒布施」及「陳設諸佛像、香燈、供給」的價格，例如：誦一部《華嚴經》，錢一萬文；《般若經》，錢一萬文。這致使僧侶在明朝不斷地朝商業化、職業化發展。

僧官制度建立後，對僧人活動的管束愈來愈嚴格，洪武二十七年（一三九四）訂「趨避條例」，強調：僧俗不可混淆，不可在城鎮居住，不可奔走市村化緣，鼓勵僧人山林清修，信眾聽經聞法，必須需到寺院。而「砧基道人」設立，目的在防堵僧人與官方勾結，同時避免俗化。據《明實錄．太祖實錄》：「（洪武）二十三年命禮部榜示天下僧寺道觀，凡歸併大寺，設砧基道人一人，以主差稅。」「砧基道人」負責處理寺院的錢糧出納、官府往來等俗務。不過，實際情況正好相反；在經懺僧成為主流的發展下，俗化已不可免。

明朝中後葉，佛教衰敗已極，加上教團統合機構的完備，晚明四大師：雲棲袾宏（一五三五至一六一五）、紫柏真可（一五四三至一六〇三）、憨山德清（一五四六至一六二三）、蕅益智旭（一五九九至一六五五）的出現，正是反映時代改革的需要。雲棲、紫柏、憨山三人幾乎同輩，只是不同時間投入遍融門下；三人彼此交往，為復興佛教而努力。

紫柏所處的晚明佛教出現了什麼樣的問題？從湛然圓澄的觀察可知一二。他指出：

> 太祖將禪教、瑜伽開為二門，禪門受戒為度，應門納牒為度。自嘉靖間，迄今五十年，不開戒壇；而禪家者流，無可憑據，散漫四方。致使玉石同焚，金口莫辨。

經懺佛教的盛行與嘉靖以降數十年不傳戒的結果，良莠不齊、僧俗莫辨，佛教玉石俱焚。

紫柏真可正是出身於這樣的大時代。紫柏師事燕京大千佛寺遍融學華嚴，與雲棲袾宏同一師門。紫柏思想雖也是融合各宗，但他的功績是在各地恢復寺塔，同時與憨山德清在萬曆十七年（一五八九）間於五臺山刊刻大藏經；四年後，轉移到杭州徑山寂照庵；最終於在清康熙年間完成，即是後世所稱之《嘉興藏》。紫柏的貢獻功不可沒。

神宗萬曆二十七年（一五九九），為籌措宮殿的營造費用，開徵礦產稅；江西南康太守吳寶秀，因未遵課稅命令，被逮捕下獄，紫柏乃挺身至京師營救。之後因受株連，橫遭冤獄，萬曆三十一年（一六〇三）寂於獄中。

晚明四大師的研究汗牛充棟，紫柏大師的研究頗不乏其人，僅臺灣就有：釋果祥《紫柏大師研究——以生平為中心》（東初出版社，一九九〇）；張國紅《嘉興藏的發起人——紫柏大師傳》（佛光文化出版社，一九九六）；蕭本雄《達觀俠義僧——紫柏大師》（法鼓文化出版社，一九九七）；范佳玲《紫柏大師生平及其思想研究》（法鼓文化出版社，二〇〇一）。這些前人的研究，確立紫柏真可在晚明所遇到的各種問題，形塑紫柏與佛教的樣貌，兩者之間的關係密不可分；而本書在這些基礎上向前推進，頗為及時。

紫柏所處的明代佛學，繼承唐宋以後的思想，具有各宗融合的傾向，進而成為一個獨特的統合佛教；它沒有如隋唐各宗競興的蓬勃氣勢，只是純粹一宗的教義。明代佛教從某種意義上來說是衰退的；但由於當時的思想界多呈現統一融合思想，佛教亦有相同之風潮。從本書的研究，也可一窺紫柏深具各宗思想融和的背景。

智嚴法師的新書即將出版，他的努力與用功完全可在本書裡看見。雖然本書以通俗出版為主，未能以學術規範呈現，但瑕不掩瑜，作為慈濟人文志業中心編撰的高僧傳叢書之一，完全當之無愧。是為序。

【編撰者序】

# 事來方見英雄骨！

明末佛教四大師之一的紫柏尊者達觀真可（西元一五四三至一六〇三年），是一位性格威猛剛烈、慷慨激昂，終身脅不至地、修行精嚴的頭陀行者。聖嚴法師曾評語：

這是一位性熱如火，剛健直質的禪者；在中國佛教史上，除了天台宗的南嶽慧思禪師（五一五至五七七）有予人以頗相類似的印象之外，尚難找到第三位。

從紫柏尊者赴難前回覆友人信中所云「吾勇斷髮如斷頭，而今更有何頭可斷」的句子來看，他的行止風格更像一個為義赴死的英雄豪傑；他那勇於承擔的英雄氣魄，確是中國佛教史上極少見的一位高僧大德。

紫柏尊者的生平經歷可分為少年、青壯年、暮年三個時期。少年時期，他原本是一個飲酒恃氣、個性剛烈正直、任俠好義的血性男兒；偶然與明覺禪師的相遇，不僅開啟了紫柏修行的道路，也改變了他一生的命運。接著，青壯年期的紫柏成為復興佛門的勇猛豪傑；他行腳遊方，參訪名山聖賢，並以復興佛寺及刻印《方冊大藏經》為弘法職志，盡畢生之力，努力推行，使得當時宗風為之一振。

紫柏為了改革明代叢林游談無根、捨棄經教，以及心學之狂禪等禪學的流弊，重振綱宗，再倡「文字禪」，提出叢林盲師七大錯之批判；不僅使得宋代蘇軾及惠洪覺範（一〇七一至一一二八）一系的文字禪思想重新受到重視，也將禪風轉為禪教一致、智證雙弘的修學風格。紫柏重視文字般若，以經教聖言量引導學人，而非盲目修行，可說是明末佛教改革復興的推手。

暮年時期的紫柏，忠義慈悲。雖然身為出家僧侶，但他熱心經世，深感百姓受礦稅之苦，因而大聲疾呼廢除礦稅；不顧自身安危，多次奔走營救獲罪之居士、法侶；面對明末政治的紛擾、百姓疾苦以及教界的傾頹，提出「老憨不歸」、「礦稅不止」、「傳燈未續」的平生三大負。從他的「三大負」就可知道，紫柏一生致力於佛門之復興與礦稅之停罷，對出世、入世都懷抱著捨我其誰的使命感，可說是積極傳法與救拔眾生之菩薩。

值得注意的是，紫柏受「妖書事件」牽連而入獄，除了是因其善惡分明的性格得罪了不少權貴官宦而受到誣陷外，也說明當時政治的紊亂。紫柏為弘揚教法因而受到牽連，最後坐化於東廠錦衣衛獄中。

與其他三位大師——蓮池、憨山、蕅益——相較，紫柏尊者住世的時間最短、著作最少，也較少為後世所注意；但是，由於他的詩才高明，隨手拈來皆成佳句，常與法侶居士相互應答酬贈，促進當時僧人論詩的風氣。江南的文人與他交遊的頗多，受他影響的人更不在少數；加上與官宦世族相交往，在京城頗具影響力，所以紫柏尊者在晚明佛教界的地位相當崇高。明代沈德符的《萬曆野獲編》卷二十七〈釋道〉卷的「禪林諸名宿」條中，還將他與蓮池袾宏並列，稱為「兩大宗主」。在憨山大師的〈紫柏老人集序〉云：「足跡所致半天下，無論宰官居士，望影歸心，見形折節者，不可億計。」可見尊者在當世社會人心影響之深廣，其重要性正如憨山所言：「正法可無臨濟德山，末法不可無此老也。」又云：

末法降心，力拔生死之根，如一人與萬人敵者，予獨見師其人也。睹其發強剛毅勇猛之氣，往往獨露於毫端；如巨靈揮斤，真所謂與煩惱魔、欲魔、死魔共戰，竟能超越死生，如脫敝屣，可謂戰勝有功者也。

這正是紫柏尊者一生行誼的最佳註腳。其雖身陷獄中，受杖刑之苦，尚能「自在」為前來探視的弟子說法，弘法不輟；心無罣礙、無恐怖，早已勘破生死關，軀體的生死對他而言只不過是「解脫鶻臭弊衣」而已。最後從容的擇時脫化，以及死後的肉身不壞與荼毗後留下的無數舍利，這些事蹟都是他一生真修實證的最佳證明。

聖嚴法師曾說：

紫柏尊者，與其說他在佛教思想上的貢獻，不如說他在作為一個禪師的直心直行，以及作為一個僧侶的護法衛教的弘毅精神，有給人以急起努力的振奮作用。

當編者完稿之時，深深感受這股振奮的力量，尤其臨終偈之首句，「事來方見英雄骨」，充分展現他這一生不凡的英雄氣概，最為撼動人心！

本書主要分成兩部分，第一部分是闡述紫柏大師的生平事蹟，主要參考憨山大師的〈達觀大師塔銘〉、陸符的《紫柏尊者傳略》，及其相關資料，分六章介紹。第二部分是影響，包括紫柏尊者的主要佛學思想、重要著作，及其傳承弟子。

藉由慈濟傳播人文志業基金會出版《高僧傳》系列叢書的因緣，編者很有福報，認識了五百年前的明末高僧大德紫柏尊者，經歷了一趟跨越時空的參學之旅，深深被紫柏尊者直下承擔的英雄氣魄所感動。他個人的修持是相當嚴謹而且喜好苦行，但沒有因此而離群索居、隱遁深山去自修自證，反而積極地投入全部的生命，護法衛教、力挽狂瀾於既倒；於佛門中，樹立了大乘菩薩最佳的典範！

# 目錄



## 示現

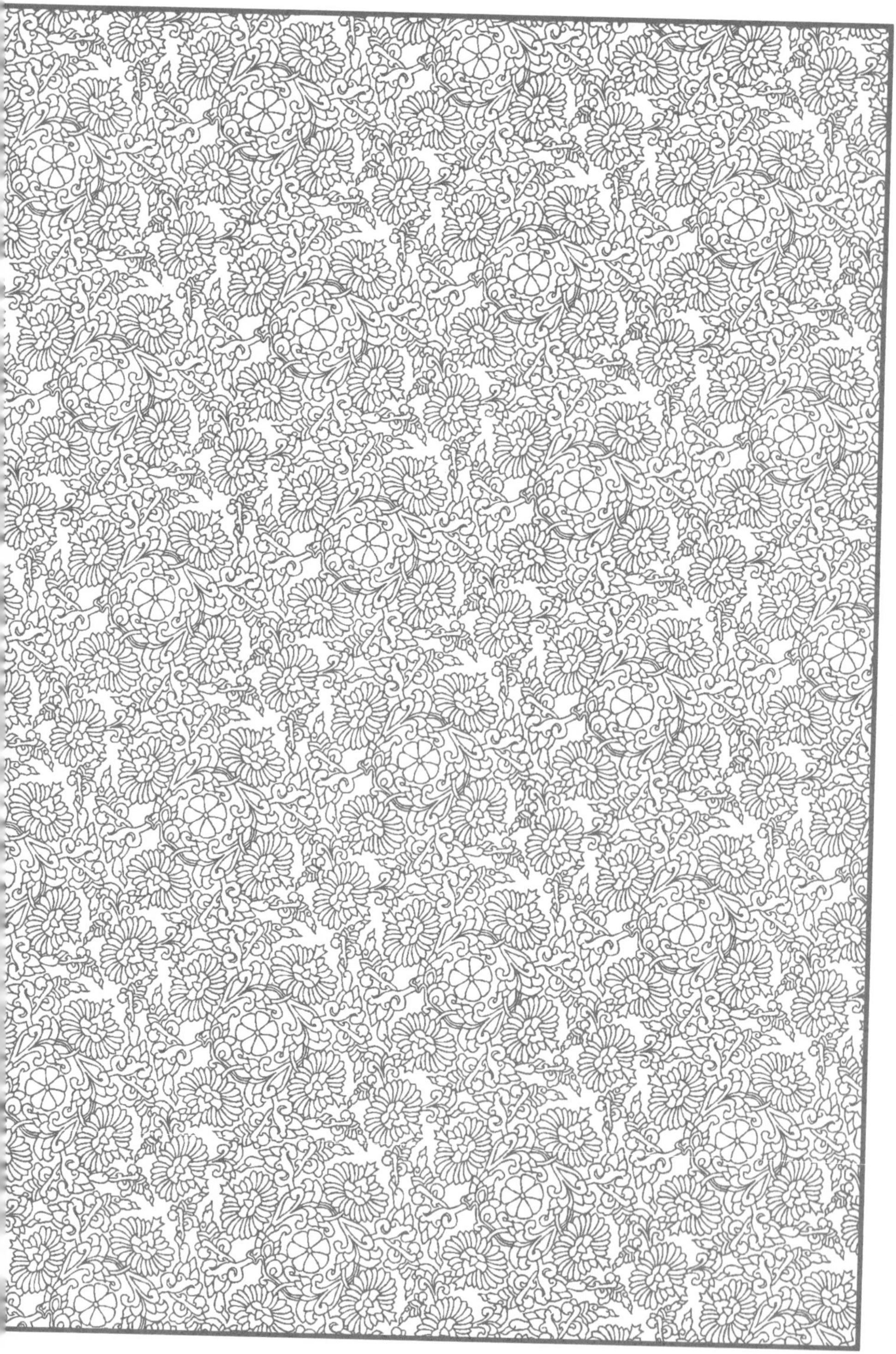

# 示現

# 緣起

## 動盪的明末

天下之勢，如鼎沸同煎，無一片安樂之地。貧富盡傾，農商交困，流離遷徙，賣子拋妻，哭泣道途，蕭條巷陌。

紫柏真可所處的時代背景，正值明朝中葉，嘉靖（世宗）、隆慶（穆宗）和萬曆（神宗）年間，歷經三朝的交替，明朝由強盛轉衰亡，這一時期主要歷史現象大致可從政治、經濟與學術等三個面向談起。

## 政治方面

明中葉以後，君王大多為中才之主、昏庸昏懶之主、懈怠政事之主，不理朝政，法制日趨鬆弛，吏治逐漸出現懈怠敗壞跡象，貪汙盛行，政治腐敗，土地兼併和集中加劇，社會分化嚴重，貧富懸殊，流民遍野……

皇室自身便是亂源。明武宗死後無子，朝臣迎其堂弟朱厚熜即位，是為明世宗。以外藩入繼大統，君臣對「繼統是否繼嗣」的看法不一，從而引發「大禮議」——亦即討論朱厚熜是以孝宗朱祐樘的嗣子身分入繼大統、承接君統；或者只是單純地承接大統，身分仍是興獻王之子。

即位之初，世宗要禮部為興獻王加上封號；但內閣首輔楊廷和等認為此舉違反禮制，主張稱孝宗（武宗父）為皇考，以興獻王為皇叔父；張璁等則迎合帝意，議尊為皇考。此事形成對立的兩派，在朝廷中爭論了三年，最後終於追尊興獻王為皇考恭穆獻皇帝。然而，廷臣二百餘人竟跪伏左順門，哭闕力爭，聲震闕廷；世宗乃將一百九十人下獄，有十七人廷杖致死。

大禮議之爭，使正直官員受到摧折，邪佞阿諛者得勢，培養了歪風，敗壞了吏治，揭開了明代中期內閣紛爭的序幕。當時，朝臣激烈地爭奪首輔位置，大學士遂聯朋結黨，攀引門生，互相傾軋排擠，採取各種權術以擊垮對手，形成長期的門戶之爭，使得朝政經常處於混亂無序的狀態。

特別是嚴嵩擔任內閣首輔期間，不遺餘力地網羅親信，「文武將吏，盡出其門」，「賓客滿朝廷，親姻盡朱紫」。嚴嵩竭力排斥、打擊異己勢力，大肆招財納賄，造成嘉靖朝政治腐敗黑暗到極點、邊防為之空虛的局面。從嘉靖到萬曆初的半個世紀裡，明王朝面臨著內憂外患的各種社會問題。

其中包括，東南沿海倭寇的頻繁侵擾，形成日益嚴重的倭患；西北延邊則受到蒙古俺答多次入掠，二者亦即「北虜南倭」的問題。後賴朱紈、戚繼光、俞大猷等人率軍肅清倭寇。嘉靖二十九年（西元一五五〇年），發生「庚戌之變」，蒙古土默特部首領俺答汗發動戰爭；大將軍仇鸞徒擁重兵，與俺答騎兵相遇慘遭大敗，一直打到北京城下。此役暴露軍事上的虛弱，也反映嚴嵩專權的禍害。

政治的腐敗直接導致財政問題急遽惡化；「嘉靖者，言家家皆淨而無財用也。」國庫空，村里空，經濟困難重重。

隆慶（一五六七至一五七二）與萬曆初期（一五七三至一五八二），這時期最大的亮點是張居正（註一）的改革，一舉扭轉了嘉靖以來國家財政入不敷出的危機局面，不論在政治上、國力上都有所起色；然而，這僅是曇花一現。萬曆十年（一五八二）六月，張居正病死，人亡政息，改革隨之中斷。

萬曆中期之後，「晚明」時期開始，政治形勢大「走樣」。萬曆皇帝成為明朝歷史上最怠惰貪婪的皇帝，沉溺於奢侈糜爛的生活中，不理政事，深居簡出；萬曆二十年後，不再早朝，「付萬事於不理」，其他國防軍備、經濟財政等，一概置之不理。

最嚴重的是朝廷內外官員的空缺，久久不補，吏治敗壞，官僚機構廢弛，導致豪強惡霸四處橫行，人民苦不堪言，佛教寺產被侵占的情形亦相當嚴重。

例如，浙江嘉興的楞嚴寺於嘉靖年間因倭寇犯浙西而被毀，寺地被當地富豪侵占；真可參訪楞嚴寺時，見到昔日的佛教聖地變成亭臺樓閣，便因而興起復寺之念。然而，由於明末司法黑暗，加上官吏與地方強權勾結，楞嚴寺的復寺官司纏訟達數十年之久，對真可的復寺工程造成極大阻力。

明神宗為了冊立愛妃鄭氏所生的皇三子朱常洵為太子，而不立長子常洛，違背宗法制度，「有嫡立嫡，無嫡立長」的原則，遭到群臣激烈反對，一再推拖延遲，不立儲君，與儒生出身的大臣展開二十多年，長期爭執與衝突，歷史上稱為「國本之爭」（一五八九至一六一四）。

多數大臣捲入鬥爭之中，支持皇帝的大臣與抗衡皇帝的大臣互相攻擊，形成黨派之爭。而且，此事也使得萬曆帝對政事更加心灰意冷，導致在位最後三十餘年只召見群臣一次，史稱「萬曆怠政」。

立儲的問題更引發出萬曆二十六年以及萬曆三十一年，兩次的「妖書案」（或謗書）。真可在第二次妖書案時，無端捲入朝廷派系鬥爭中，因他與東林黨人沈鯉友好，亦因此受到牽連……



經濟方面

## 社會經濟型態轉變

從嘉靖開始至萬曆中期的七十多年間（約一五〇七至一五八二），明代社會經濟型態出現新變化。明代中葉政治走向衰退，當時的經濟發展卻勃興，與政治呈顯不同風貌，或謂此期是「資本主義萌芽期」。商業性農業獲得空前大發展，農業人口減少，工商業人口猛增，農業經濟結構出現了歷史性的變革。

明中葉以後，逐漸以白銀為主要貨幣制度，社會經濟向商品經濟發展，農業商品化程度提高，城鄉手工業區域分工與專業化更進一步成長，工商業人口急遽增加，工商業市鎮在江南等先進經濟區域興起，手工業和商業性的新興市鎮大量湧現，城鄉市場網絡開始形成與擴大，是中國經濟發展史上的一個重要的時期。這個時期，商品經濟的發展與工商業的繁榮，超過了以往的任何一個朝代。

在中國的貿易史上，從嘉靖到萬曆是一個重要的發展時期；因為，西洋自地理發現後，對外貿易的擴張，其勢力初次衝擊至中國，正是明代中葉。隆慶年間（一五六七至一五七二）海禁鬆弛之後，葡萄牙、西班牙、荷蘭陸續與中國貿易，輸入品主要以白銀為主，輸出品大約有絲織品、瓷器、茶葉等。由於對外貿易發達，明朝政府財政和兩廣人民的生活部分依靠市舶。

至於國內市場貿易，由於人口增加和國內經濟聯繫的加強，大大地刺激國內市場貿易之繁榮；除西北一帶比較不發達以外，其餘各省都有顯著地發展，尤其江南。明中後期，自由的民間貿易占據主導地位。

這時期由於商業的發展，帶動了整體經濟的繁榮，人民的生活水準也跟著提高。在衣食無虞的情況下，人們於是有剩餘的金錢可以投入文化教育事業，對於真可寺院復興以及刊刻經藏的勸募工作，具有相當大的幫助。同時，由於知識的普及以及人們對於精神生活的重視，促使了印刷事業的發展。原料供應的充足、套印技術的進步、刻工的廉價等，都為經藏的刊刻與傳播，提供了相當有利的環境條件。

## 社會風氣奢靡、僭越

社會經濟的全面發展和商品經濟的繁榮，還導致人們思想觀念發生了變化。傳統的「重農抑商」觀念受到衝擊，「工商皆本」的思想逐漸發展；經濟繁與的誘惑，使社會中經商人數劇增，商人隊伍快速膨脹。在人們眼中，經商不再是一種賤業，商人的社會地位提升，商業活動的參與意識越來越強；上從帝王將相、皇親貴冑，下至軍隊、普通百姓等，經商人數之多超過此前的任何歷史時期。

即便一直視仕途為正道、不屑與商人為伍的文人，也有一部分人開始了經商之路。部分士大夫認為，經商有成，在價值上也等同於讀書有得；「亦賈亦儒」、「棄儒就賈」的現象也開始出現，打破中國自古以來商人為四民（士、農、工、商）之末的觀念，追逐金錢的行為不再被士大夫貶抑。

明代中後期，社會風俗發生重大變化，嘉靖、隆慶已露端倪，萬曆則是一個大變化時期，社會風氣由敦厚樸實轉變為奢華競利。這一社會變化帶有全國的普遍性，以江浙地區較為突出；儉樸守禮的風氣，逐漸被奢靡僭越的風氣所代替。嘉靖以後，商品經濟的發展與擴大，使庶民之家物力漸增，生活水平提升，消費增加，進一步依賴市場，物質欲望迅速增長，飲食、服飾、器用、住宅、娛樂等各方面漸趨奢靡，僭越風氣隨之而起，視為當然，恬不知愧。

消費習慣首先衝擊了現有的身分等級秩序，對「貴賤、長幼、尊卑」的傳統社會等級制度衝擊甚大，影響明末社會秩序的安定。侈靡之風刺激人們的欲望，為求滿足私欲，以貪汙納賄為手段，破壞嘉靖以前淳厚的政治風氣，使貪賄成風、不以為怪；而貪贖之風，又倒過來刺激社會風氣，使其更趨奢靡。萬曆以後，「崇奢」已成為一種社會風氣，人民生活富裕，競奢、僭越更普遍。

財政的危機

明中後期，雖然工商業發達，經濟繁榮，但是財政危機始終存在。造成財政危機的原因主要有以下幾點：

## 一、軍費浩繁

明王朝連年在北邊與蒙古作戰，又在東南沿海抵抗倭寇的侵擾，軍費支出，日益浩大，也是國家最大的財政支出。

對外軍事方面，以「萬曆三大征」最為顯著。萬曆二十年至二十八年（一五九二至一六〇〇）間，於西北、東北、西南邊疆先後發動三次大規模軍事行動，分別為萬曆二十年平定蒙古人哱拜叛變的寧夏之役、支援朝鮮抗擊日本豐臣政權入侵的援朝之役，以及二十七年平定貴州土司楊應龍叛變的播州之役。這三場戰爭幾乎同時發生，其性質均不相同。

明朝於此三戰皆獲得了勝利，鞏固了明朝邊疆、守護了朝鮮王朝，卻也消耗大量人力、物力，成為國庫空虛、財政拮据的重要原因之一。

## 二、皇室靡費

嘉靖時，除了軍費增多，更大的開支是大建宮觀和日事齋醮。世宗崇奉道教，每年不斷修設齋醮，極盡奢靡，耗費驚人，致使太倉銀不敷使用，動搖明代財政之基柱，種下日後經濟衰竭、國帑匱乏之伏因。

嘉靖中期以後，明財政已明顯入不敷出，「帑藏匱竭」，故不得不於嘉靖三十年開始向百姓增加稅賦，時稱「提編」。明後期導致社會矛盾日益激化的加征之害，實自嘉靖始。

萬曆十一年，明神宗在京郊昌平為自己未來的壽宮選址，翌年動工興建定陵，歷時約六年建成，耗銀多達八百萬兩，相當於全國兩年田賦的總收入。陵墓之外，其他土木建築工程更是遍布京城內外。

乾清宮、坤寧宮在萬曆二十四年發生火災，皇極、中極、建極三殿又在翌年被火焚毀；後來修復重建，耗資尤巨。萬曆三十一年開始籌建三大殿，朝廷令湖廣、貴州、四川三省採辦名貴楠衫大木，僅大工錢糧就耗銀九百三十餘萬；至於整個三大殿重建工程的費用，費銀更是不計其數。

### 三、宗室花費

明代宗室人口繁衍迅速，生齒日繁，宗祿開支也惡性膨脹。嘉靖年間，宗室歲耗大量祿米，已經超過了京師用度和用於軍餉的「京邊歲用之數」，成為「天下之事極蔽而大可慮者。」

再考慮宗室府第的營建和宗室之國的費用，國家財政的負擔就更加沉重了。到了萬曆時，這種情形越來越嚴重；龐大的開銷，就是傾全國之力也難以應付。

## 礦監稅使豪奪搜刮

萬曆年間，由於對外兵，兩宮及三殿連遭火災，國庫空虛。為了重建宮殿，萬曆二十四年，神宗允許開礦煉銀以充足國庫；從此以後，礦監四出。

朝廷所派出的礦監幾乎遍及天下；又派稅使，由宦官監督收稅，至各大城市負責徵收稅務；稅使一般領稅務，有的則兼管開採。礦監稅使（是明萬曆年間奉命監督開礦和徵收商稅的欽差專使，即礦監和稅監，又稱稅使）由皇帝直接任命並發給關防；奔赴全國的礦監稅使，便打著皇帝的旗號，強取豪奪、到處搜刮。

他們在地方上創建礦稅衙門，不僅從事開礦徵稅，還倚仗權勢，追逐財利，驅迫百姓。為搜刮錢財，礦監稅使所到之處，無所不稅；關、口、橋、門，稅卡林立，行李舟車、房屋廬舍、米麥菽粟、豬雞驢騾，莫不有稅。

礦監稅使的橫徵暴斂，對社會經濟、特別對工商業的發展造成極大破壞；國家正賦減少，財政發生危機，人民不堪負荷，起而叛亂或逃亡，城市民變屢屢發生。根據統計，當時發生在全國各地的民變，大大小小高達數百起以上。各種亂象日益激化和擴大。禮部尚書兼東閣大學士沈鯉指出，礦監稅吏橫行鄉野、魚肉百姓，導致：

天下之勢，如鼎沸同煎，無一片安樂之地。貧富盡傾，農商交困，流離遷徙，賣子拋妻，哭泣道途，蕭條巷陌。

對於礦監稅使的惡行，群臣不斷上疏、不斷彈劾，但是神宗並不予以理會，直言者甚至反遭譴責。有了神宗皇帝做為後盾，稅使更加肆無忌憚，手段之激烈與殘暴令人髮指。人民實在不堪其擾，反抗四起，礦監稅使被殺者不計其數。南康太守吳寶秀就是因為反對稅使而被捕入獄；與吳寶秀素昧平生的真可，聽聞後立即前往京城，多方奔走、調護，以營救吳寶秀。

真可見到礦稅對於人民所造成的迫害，憑著救世的菩薩精神，視停罷礦稅為自己出世的要務。礦稅的開徵無論對於明朝社會的安定、經濟的發展都造成嚴重打擊，同時也種下了明朝覆亡的禍根。

程朱理學在南宋、元時已據官學主導地位。明初承襲宋、元學風，洪武十七年（一三八四）頒定科舉定式，沿襲元代皇慶科舉條制，以朱學的《四書》和《五經》為取士的標準，又仿元代八股，不但強調「代聖賢立言」，不許自由發揮，而且嚴格規定體例和字數。

永樂十二年（一四一四），明成祖下詔敕翰林院學士胡廣等人編纂《四書大全》、《五經大全》、《性理大全》三書，下詔頒行於六部、兩京國子監以及天下郡縣學，做為欽定校本，以統一全國思想，更加確立了程、朱之學的官學地位。官學權威與定於一尊的結合，從官方到民間，成為士子必讀必遵的「聖學範本」；讀書人謹守著朱子思想，不敢逾越教條，在當時有強大的箝制作用，獨霸之勢更是屹立不搖，可說是獨盛時期。

## 明代「心學」興起

明代中葉以前，朱子理學的教義為讀書人所研究和信奉；若非他的教義，幾乎就被視為異端，卻也導致思想僵化、學術停滯、道德虛偽、人才空乏的副作用，因而喪失了其內在的思想活力；理學不僅無益於身心修養，甚至淪為爭名逐利的工具。

明中葉社會的變遷，一些文人開始尋求新的思想出路，其治學方向已有走向心學的傾向。成化（憲宗）、弘治（孝宗）年間的陳獻章（世稱「白沙先生」，一四二八至一五〇〇）首開旗幟，理學的發展出現重要轉折，成為明代心學思潮的開端，進而大放異彩於王陽明（守仁）（註二），開啟了心學研究的一條新路，可將陽明學視為宋明理學向心學轉變的完成。

王陽明以「心即理」為立言立宗，並提出「知行合一」，以「致良知」為思想總結。他針對當時學風的缺點，提出了「心學」認為心是天地萬物的主宰，心外無理，心外無物；心是良知、天理、本體、規矩尺度、虛靈明覺，是人人天生本具。透過「致良知」與「知行合一」，讓心回到「無善無惡」的明潔本真狀態，達致成聖成賢的目標。

王陽明接引弟子，有如禪師施用機鋒，率領弟子們建立與朱子背馳的心學體系，自成一家，在弘治、正德年間，掀起一股新的學風，以簡易直截得到了人們的喜愛，取代了程朱的繁瑣拘泥，成為中明一枝獨秀的顯學。由於王陽明的門生故吏遍天下，到他死後，他的學說更盛行於南方，成為一個有力的學派。

明朝中葉以後，由於陽明心學的影響，標榜「直指人心」的禪宗也逐漸抬頭。自正德（武宗）、嘉靖以降，陽明後學與佛教僧人之間交往頻繁；特別是江浙閩贛等地區，如浙東的周汝登（一五四七至一六二九，人稱「海門先生」），更與當時的雲棲袾宏、紫柏真可、憨山德清等佛教大師都有往來。真可的詩才極高，佳句可隨手拈來，與江南文士氣質最為投合；「江南士流雅好談禪之風，莫不受其左右」。

當時的學術界有一個普遍現象，就是「世儒借路禪家」：「萬曆而後，禪風寖盛；士大夫無不談禪，僧亦無不與士大夫結納。」這些士大夫們沉醉於心學，出入於儒佛之間，談禪論道，這也使得原本在浙東衰靡的禪風，因儒佛的交涉而大盛。

可以說，心學的普及和深入，為明末佛教的發展和興盛提供了某種程度的影響，造成佛儒共同興盛的局面。

## 晚明「狂禪」盛行

晚明，就政治環境來說，是一個綱紀敗壞、內憂外患、即將面臨「天崩地解」的時代變局。外在的環境如此惡劣，學術界更出現扭曲陽明良知之學的「王學末流」，導致「似儒非儒、似禪非禪」的所謂「狂禪運動」風靡一時，尤以江南為盛。

陽明之後，心學演成諸多派別，如黃宗羲在《明儒學案》中說：「陽明先生之學，有泰州、龍溪而風行天下，亦因泰州、龍溪而漸失其傳。」意味泰州學派與龍溪之學既使王學普及，亦使王學走入衰頹。

王學末流，行為狂放、摒棄經書、純任心性，「束書不觀，游談無根」，極端者更蔑視禮教、道德規範；他們以狂逸為高尚，蔑棄禮義，無所忌憚，提倡個人自由和社會解放，對社會造成極大的衝擊。其中以泰州學派對社會的影響最大；因與禪學的關係密切，所以俗世常以「狂禪」弊之。

其中，「鼓倡狂禪」的李贄（註三），是使王學「漸失其傳」的禍首之一。李贄舉止言動無不令舉世驚駭，以「異端」自居，鼓倡狂禪最激烈。黃宗羲說：「李卓吾鼓猖狂禪，學者靡然從風。」貶斥程朱理學為偽道學，提出不能「以孔子之是非為是非」。「今日士風猖狂，實開於此。全不讀《四書》本經……傷風化，天下之禍，未知所終也。」這種「狂禪」思潮，無疑是當時整個社會思潮下的產物。

然而，局勢雖如此，當時的儒家與佛家卻各別出現挽救時弊、企圖振興風俗的呼聲。儒家有東林學者倡導於前，黃宗羲、顧炎武等學者踵事於後；佛家則有雲棲袾宏、紫柏真可、憨山德清、蕅益智旭等晚明四大師的教化。

【註釋】

註一：張居正（一五二五至一五八二），字叔大，號太岳，又稱張江陵，湖廣江陵縣（今湖北江陵縣）人，祖籍直隸鳳陽縣，明代政治家。萬曆初年，官至吏部尚書兼中極殿大學士，為內閣首輔。任內推行一條鞭法與考成法，改革賦稅與官吏升遷制度。

萬曆年間，張居正為挽救明王朝，緩和社會矛盾，得到當權者支持，在政治、經濟、國防等各方面進行改革。

張居正在軍事上也採取了一些改革措施。他派戚繼光守薊門，李志梁鎮遼東，又在東起山海關、西至居庸關的長城上加修了「敵臺」三千餘座；還與韃靼俺達汗之間進行茶馬市貿易，採取和平政策。從此，北方的邊防更加鞏固，在二、三十年中，明朝和韃靼沒有發生過大型戰爭。

經過上述改革，強化了中央集權與政策的推動，基本上實現了「法之必行」、「言之必效」，國家的經濟狀況有了改善，財政收入有所增加，在國防上增強了反侵略的能力。

萬曆十年六月，張居正病死，一些改革的反對派重新麇集，進行批評反攻。他們攻擊張居正改革「務為煩碎」，清丈土地是「增稅害民」，實行「一條鞭法」是亂了「祖制」。他們下令撤銷張居正死時特加的官爵和封號，進而查抄家產；張居正的長子被逼自殺，其他家屬也慘遭迫害。

註二：王守仁（一四七二至一五二八），生於成化八年，幼名雲，五歲時更名為守仁，字伯安，浙江餘姚人。因講學於「陽明洞」，人稱「陽明先生」。弘治十二年（一四九九）登進士第。正德初以論救言官戴銑等忤劉瑾，杖闕下，謫貴州龍場（今修文）驛丞。劉瑾伏誅後，移江西廬陵知縣。累擢右僉都御史，巡撫南贛（江西），平大帽山諸賊，定宸濠（寧王）之亂。嘉靖時，官至南京兵部尚書，封新建伯；督兩廣軍務，破斷藤峽賊。明世文臣用兵，未有如守仁者。卒謚文成。

其學以良知良能為主，謂格物致知，當向內「自求諸心」，不當向外求諸事物。他強調心是天地萬物之主，「心即理」、「心外無物」、「心外無理」；又以知行合一、致良知為鵠的，世稱「王學」、「陽明學」、「心學」、「良知學（說）」、「姚江之學」等。學者雲從，風靡南北。著有《傳習錄》、《王陽明全集》、《大學問》等名作傳世。

註三：李贄（一五二七至一六〇二），明朝福建省泉州府晉江縣人，字宏甫，號卓吾，又號溫陵居士。

其以刑部尚書郎之銜被貶出任姚安（位今雲南）知府。三年期間，「每至伽藍，判了公事。坐堂皇上，或置名僧其間；簿書有隙，即與參論虛玄。」蓋當時滇南佛教鼎盛，高僧輩出，李贄因與僧人相處，往還佛寺，潛心道妙，多究佛乘禪學。行將任滿前又入大理雞足山，閱「龍藏」不出，直至致仕（退休）。

其後移居麻城龍潭芝佛院，與僧無念深有（一五四四至一六二七）、周柳塘等多位僧人和居士一起談經講佛，並落其髮，儼然以「出家人」自居，識者也稱其為「李和尚」。當時，李贄還與達觀大師（紫柏真可）並稱「二大教主」，其關係可見一斑。

其為明朝頗有影響力的思想家、史學家和文學家，後遭人迫害，入獄後自刎。死後被泉州民眾奉之為神，稱「溫陵先師」（溫陵乃泉州舊稱）。

# 第一章　誕生・成長

師生五歲，不語，時有異僧過其門，摩頂而謂其父曰：「此兒出家，當為天人師。」言訖，忽不見，師遂能語。

紫柏真可，生於明世宗嘉靖二十二年（西元一五四三年），而後活躍於萬曆時期，與約莫同時期的蓮池祩宏、憨山德清、蕅益智旭並稱明末四大高僧。所謂「明末」，主要指明神宗萬曆年間（一五七三至一六一九）。明朝自宣宗至穆宗一百多年，佛教各個宗派都衰微不振；在明神宗萬曆時期，社會動盪，卻名僧輩出，尤其以此四大高僧為世所共知。他們皆因在當時對佛法有相當的貢獻，為後世帶來莫大影響，而備受推崇。

大師出家時法名為「達觀」，之後改為「真可」。「真可」一名的由來，是因為明神宗曾讚大師：「若此真可名一僧。」於是改用「真可」為名。「紫柏」則是晚年自取的號，世稱紫柏大師或紫柏老人；門人為重法，而稱其為尊者。他的全號被尊稱為「紫柏尊者達觀真可大師」或是「紫柏大師達觀真可」。此外，在《紫柏尊者全集》中，他的別號尚有：憨憨子、憨道人、憨憨可禪人、皮毬子、皮毬道人、慈雲、潭柘先生等。

以下，謹以「真可」一名，敘述大師之生平。

## 誕生的所在

有關真可之家世背景，他的先祖原籍是江蘇句曲人（今鎮江市句容縣），父親沈連，後舉家向東南方遷徙，至吳江太湖之攤缺（明朝屬於蘇州府，即今江蘇省吳縣），位於太湖畔附近的一個小村子，從此沈家世居於此。

太湖，古稱震澤、具區，又稱笠澤、五湖。面積三萬六千頃，是中國五大淡水湖之一，水域面積排行第三位，位於長江下游，江蘇省南部和浙江省北部交界處，是江、浙兩省的界湖，大部分水域位於蘇州府，有「包孕吳越」之稱。

太湖流域，地勢平坦，土地肥沃，小河流遍布；這裡氣候溫和，物產豐饒，自古以來就是聞名遐邇的「魚米之鄉」。但是，在歷史上，太湖水患非常嚴重，洪澇成災、人為魚鱉的慘況並不少見。宋朝蘇州人范仲淹採取浚河、修圩、置閘三者結合的措施，為後代積累了寶貴經驗，經長期不懈的水患治理，才有了「天下糧倉」、「蘇湖熟，天下足」之美名。

佛教的信仰在江南蘇州也是非常普遍。佛教自三國東吳赤烏年間傳入江蘇吳縣，至今已有一千六百多年。東晉成帝成和九年（三三四），高僧支遁在支硎山（現楓橋鎮內）建支山寺，聚眾講學。東晉末，司空（官名）陸玩把靈岩山上的家宅捐舍為寺。梁武帝天監二年（五〇三），建寺院名秀峰寺，並建磚塔。十五年，西域梵僧智積來寺，梁武帝賜額「智積菩薩顯化道場」，名聲大揚，逐漸為江南名剎。

隋唐時，吳縣佛教時興時衰。會昌年間（八四一至八四六），吳縣佛教遭到破壞，至大中年間（八四七至八五八）才逐步恢復。

唐宋間，禪宗興盛，靈岩山寺由律宗改修禪宗，遂為江南一大禪剎叢林。宋、明時，吳縣的佛教有較大發展，全縣廟宇林立。

真可在家裡兄弟輩分中排行最幼。根據憨山德清的〈達觀大師塔銘〉之記述，嘉靖二十一年（一五四二），真可出生之前，他的母親曾在睡夢中夢見一位仙人，送給她一粒附葉的大仙桃；夢醒之後，父母聞到滿室芳香。這是一個非常吉祥的徵兆，之後就懷有身孕。

## 行腳僧之預言

嘉靖二十二年（一五四三）六月十二日，沈家的男嬰誕生了。

隔年，嘉靖二十三年，接連幾年都遭逢大乾旱，久久不雨，太湖的水都乾涸了，無法灌溉稻田，所有的禾苗都乾枯而死；米價因而暴漲，平民百姓都買不起。蘇湖糧倉之地竟然顆粒無收，饑民遍地。先是鬧大饑荒，接著大瘟疫，結果餓死了很多人，江南地區的老百姓生活變得非常困苦。

真可就是在這樣的環境下好不容易長大的。奇怪的是，他到了五歲（嘉靖二十六年，一五四七），竟然還不會說話。

直到某一天，有位行腳僧人，打從沈家門前經過，順手撫摩小男孩的頭頂，並對沈父說：「這個小孩若是出家，會成為天人之師表！」

「天人師」是如來十種尊號之一，是一種德稱；以此說明，在三界中，佛是天與人的導師。所有比丘、比丘尼、優婆塞（居士）、優婆夷（女眾居士），不論天上或人間，所有沙門、婆羅門、魔王、外道，天龍八部皆可歸命佛陀，作佛弟子，依教奉行，故名天人師。

又，佛陀慈悲憐憫眾生，苦口婆心以種種方便、言辭、譬喻，教誡眾生於天上及人間，令之解脫煩惱，出離一切眾苦，所以稱佛為天人師，是一切世人與天人所共同尊重的老師。

總之，這一位僧人預示，真可未來會進入佛門，並出家為僧，會如同佛陀一樣地轉法輪，弘揚佛法，慈悲度化世間的一切眾生，脫離生死煩惱輪迴之苦。才說完話，這位不知名的僧人轉眼就杳無蹤跡，真可隨後竟然就開口說話了，眾人莫不引以為奇！

一個小孩五歲大時仍不開口說話，確實是十分異常的現象。自古以來，有關宗教大師的傳記、傳說，或許為突顯大師之獨特，大多從小就有一些異於常人的特點；這些說法雖然帶著神異的色彩，卻也能藉此象徵，真可在小時候就展現與眾不同的特質。

## 剛烈任俠的少年時代

真可大概在七、八歲時，就已嶄露出特殊的性格。其個性雄猛剛烈，為人慷慨激昂，器宇宏偉不群；喜怒形於言表，頗有俠士之風，這也是他最突顯的性格表現，由正面來看就是自信、果斷、剛毅、精進。自幼年時至晚年入獄，皆可從一些事蹟中看出，這樣強烈的性格影響他的一生，包括修行、事業、化眾。

他不喜歡舞文弄墨，亦相當不喜與女人親近，不用女人用過的東西，也不靠近女人的房間；尤其是洗浴時，他如果要洗澡的話，不喜女人在他之前先使用浴室。有一天，姊姊不小心在他前面先用過了浴室，真可就大發雷霆。從此以後，所有親戚、鄰里中的婦女都不敢靠近他。

厭惡女人在許多修行人身上都可以見到；而真可不喜女性的性格特質，自幼年時期即表現得十分強烈，甚至終其一生很少為女眾說法；在後來出家開示的法語中，也僅有三篇對女子開示的文章。

真可強調修行應先知苦，而極力指陳「女身之苦」，勸聞者發願求脫女身：

天上人間、五衰之苦、地獄之苦、飢寒凍餓之苦、求不得苦、脫不得苦、苦雖無量，不能盡說；要而言之，諸苦之中，女身最苦。

他認為女人之身最為苦，超過人間、天上、地獄、等世間所有一切的痛苦。由此可見，真可對女性的排斥是非常嚴厲的！

在當時的封建社會中，男尊女卑，女人處處受到束縛，沒有自主的尊嚴，不能任意到名山道場參學訪道；就這方面而言，甚至比貧賤的乞丐男子還不如。因這些對女身的觀點，真可度化女眾的機會相對上就比較少。同時代的大師蓮池與憨山，則比較能接受女性的求法問道。

真可的家世尋常，十七歲出家之前，可考的事蹟並不多。隨著年齡漸漸增長，父母都很難管束住他，他的志向益為廣大，羨慕古代游俠之行；這些俠士、游俠，都是他心目中最崇拜景仰的英雄人物。

年少時期的真可為何會這麼欽慕俠士的行徑呢？因為，在嘉靖年間的倭寇之禍患非常嚴重，特別是江南地區。

明朝的倭寇活動，與明朝相終始；到了嘉靖一朝，更是飽受倭寇侵擾。

倭寇是十四至十六世紀劫掠我國和朝鮮沿海地區的日本海盜。十四世紀日本南北朝時（一三三六至一三九二），在混戰中失敗的武士，流為倭寇，進行走私、搶劫；明朝和朝鮮的李朝政府，都因此大力加強海防。

從嘉靖三十一年（一五五二）開始到嘉靖四十五年（一五六六）嘉靖皇帝逝世為止，前後約十五年，江南、浙江、福建、廣東沿海地區，甚至擴及東南內陸，都遭遇前所未有的寇亂。文獻記載中的東南沿海出現一片殘破的景象，並對明嘉靖朝的財政造成了很大的壓力；不斷的兵餉需求與被寇區的蠲免，也造成國庫的空虛。

海盜們往往動輒糾集數千甚至上萬人馬，深入內地數百至數千里，圍攻州府、攻占縣城，大肆燒殺搶掠、掠虜人口、搶劫財物，倭患達到巔峰。

倭寇不斷地侵略防備脆弱的江南地區，包括南京、上海、蘇州、太湖、杭州等中國當時最富庶的地區。倭寇武力侵犯的暴行，引起中國東南沿海人民的憤慨和反抗；江南地區的紳民開始徵召武勇，以抵抗倭寇之威脅。如何平息倭亂、抵制倭刀的攻擊，舉國上下無論朝野，都關心注目於此，成為朝野共通的話題；日常生活聚族而談，使「談兵論劍」成為一種特別的社會活動。自士大夫階層以至於庶人，自中央官僚以至於地方仕紳，都被捲入壯大武力的風潮中，使社會民間「尚俠崇武」的風氣非常鼎盛。

在這樣的社會氛圍中，促成新類型士人——文武兼修的「俠士」出現；他們由文向武，棄詩賦、學兵法，步入武學之途，走上豪俠之路。因此，到了晚明社會，這類除暴安良的「俠士」非常活躍。江南的倭亂，確實是重要的歷史轉折。

真可在少年時期（嘉靖三十一年至三十七年），他的家鄉便曾經歷過倭寇之亂。以他雄猛剛烈、慷慨激烈的性情，在這股習武尚俠的風氣衝擊下，喜愛隨身配劍，並練劍習武以防範倭寇；若是遇上寇匪，一定會如俠士一般挺身而出，加入鄉勇抗倭的行列中。

真可曾有詩句描述當年的自己是「屠狗雄心未易消」，還有「吾本殺豬屠狗之人，唯知飲酒噉肉，恃醉使氣而已」，說自己跟殺豬、殺狗的那些人沒什麼兩樣，而且喜歡喝酒吃肉，脾氣很大。

真可自己也說過自身個性：「予受性豪放，習亦粗戇，一言不合，不覺皆裂火迸。」意即他生性豪放，習氣又很粗獷；人家如果講一句不中聽的話，就會冒火，甚至大打出手。總之，少年真可當時給別人的印象，應該就是慷慨激昂、不拘泥常情的一條血性漢子。

少年時代的真可，並非是安分守己、溫文有禮、循規蹈矩的年輕人。日後出家，卻能將這種剛烈的秉性，轉化為堅毅不拔的修道力量，忍人所不能忍的磨練，能過淡泊寧靜的修道生活，成為一位精嚴勤勉、受人尊敬的頭陀僧。

# 第二章　出家・受戒・閉關

聞僧夜誦八十八佛名，師心大快悅。侵晨，入覺室，曰：「吾人有大寶，何以汙在此中耶？」……遂禮覺為師。

嘉靖三十八年（西元一五五九年），真可已十七歲。他並不流連於江南的風光與繁華富麗，而是選擇離開故鄉。他辭別了父母，如俠客一般，仗劍行千里；真可想要北上從軍，到邊塞立功名。

## 至虎丘遇明師

明朝內憂外患頻仍；武舉制度招攬了大批善武人才，在軍事上抵禦了外侮侵略，維護國家統一；鎮壓內部反叛，維護了社會安定。武舉制度的實行具有重要的社會影響，亦成為獲取功名的途徑，衝擊崇文抑武的社會風氣，促使習武風氣盛行。

北上的真可途經蘇州閶門。閶門俗稱吳門，原是吳中（蘇州）西北面的一個城門。蘇州是全國最繁華富裕的城市，閶門至楓橋「水陸孔道，商賈駢集，貨物山積」，岸邊屋舍鱗次櫛比，也是凶悍倭寇垂涎的目標。嘉靖三十一年至三十八年的八年間，是江南地區抗倭戰爭最艱苦也最為慘烈的八年，當時最繁華富庶的楓橋閶門一帶，都遭受了巨大的戰爭創傷。

當真可行至蘇州街市時，這裡剛經歷了倭寇的侵襲，滿目瘡痍；他因大雨而無法前進，因緣際會地在這裡遇到了虎丘（註一）僧明覺。他們的相遇，改變了真可的一生。

明覺見這少年相貌雄壯、卓然不群，知他是個極好法器，就拿著自己的傘與他一同遮雨；「道人一傘之接，雨漸而為甘露。」這一傘相接，成就了一代大師的出家因緣。

明覺並邀請真可同歸虎丘雲岩禪寺（註二），共進藥石（用膳），兩人相談甚歡。

此時真可來到了雲岩禪寺掛單，那天晚上，聽到了寺僧晚課誦「八十八佛名」時，深受感動，頓有所悟，「心大快悅」。

《禮佛大懺悔文》安排在寺院叢林的晚課中，是經歷千年的佛門瑰寶。其又稱為《八十八佛懺悔文》，是宋代不動法師根據佛經編定的。八十八佛，是五十三佛加三十五佛：前五十三佛名出處為《觀藥王藥上二菩薩經》，是娑婆世界的過去佛；後三十五佛名則出自《大寶積經．九十卷．優婆離會》及《決定毗尼經》，是現在十方世界的佛。

世尊在過去世中，曾在妙光佛的末法時期出家學道，聽聞五十三佛名，心生歡喜，於是展轉教三千人皆受持五十三佛名，這三千人最後都成就佛果，此即三世千佛的由來。

另外，世尊又感眾生罪業深重，特令眾生禮拜三十五佛以求懺悔。所以只要真心學佛者，在此生有難遭遇想，生慚愧心，盡心盡力的奉持，必定能夠業障消除、智慧增長。

《八十八佛懺悔文》已編入《朝暮課誦》內，是宋人分別集撰而成。這可說明，當時已有某些寺院乃至某些地區實行早晚課，只是還不普遍。明清之際，朝暮課誦漸趨定型，奉行的範圍遍及各宗各派、大小寺院和居家信徒，成為所有叢林必修的定課。

為何真可從未聽聞佛法，只是聽了八十八佛的名號，便「心大快悅」呢？或許是因為，八十八佛名的念誦聲觸動了他的宿世善根，清淨的梵音洗滌了他心靈的俗世塵垢，真可很直接地看到了自己的清淨心，本來具足。

翌日清晨，他就往覺師禪房相談，問道：「吾兩人有大寶，何以汙在此中耶？」說罷，即從腰間取出十餘兩銀子贈給覺師，為其設齋供佛及僧，請覺師為他落髮剃度，禮覺公為師。

因為明覺的接引，使真可有出世的因緣，曾有詩云：「自吳門遇覺公，棄書劍從染剃。」真可之出家，相當豪邁灑脫，當下立即決定。

## 精進修行、不入法系

出家當夜起，真可即靜坐到天明；他在靜坐中，有所領悟而暗自嘆道：「視之無肉，喫之有味！」翻轉他以往「殺豬屠狗，飲酒噉肉」的世俗習氣，放下屠刀，開始戒殺茹素的佛教修行生活。以此因緣，終其一生脅不至地、夜不倒單（註三），禪修精嚴的頭陀行。

中國禪宗在晚唐、五代又分五家宗派：臨濟宗、曹洞宗、溈仰宗、雲門宗、法眼宗等，到宋後差不多只剩臨濟一宗，餘皆式微。臨濟至石霜楚圓分為黃龍、楊岐兩家。南宋時，臨濟黃龍派漸衰，楊岐派弘播日盛，取代了黃龍派，成為主流，恢復了臨濟宗之名；因此，臨濟宗後期的歷史，就是楊岐派的歷史。自宋室南渡以後，楊岐派的法嗣遍江南而大盛於江左。

蘇州虎丘雲岩寺曾是臨濟宗紹隆禪師駐錫的道場，他在此闡揚禪宗，開啟臨濟宗的虎丘法系，其弟子應庵曇華禪師（一一〇三至一一六三），大振楊岐宗風於蘇浙，幾乎囊括臨濟宗之全部道場，成為中國禪宗的代表。其後世弟子松源崇岳（一一三二至一二〇二）也曾在雲岩寺駐錫過。松源崇岳承繼紹隆之「虎丘派」，有臨濟棒喝之宗風。臨濟宗風以「棒喝」見著，峻烈莫甚，不若曹洞宗風之回互叮嚀、親切綿密。

但是，經過南宋末期、元朝及明初，一度衰微之後的禪宗，能夠把握佛法命脈的真修真悟的禪者便寥寥無幾。佛教逐漸衰微，不如唐宋時期之鼎盛，寺院凋零，禪風不濟。

真可於臨濟宗的祖庭之一的蘇州虎丘雲岩寺出家，所接觸到的禪法，自然是以臨濟宗楊岐派為主。他雖然才剛剛出家，就日夜精勤用功參禪，學禪坐不倒單，這對他日後修行有非常大的影響。

真可雖然總持禪教，又偏於禪宗，但並未入臨濟禪門之法系。他未必反對

「嗣法」（傳承法統）的觀點，只是他並不重視嗣法的形式。事實上，不重視派系法統的師師相承，可說是明末佛教的一大潮流。

從此以後，真可便由一個行俠仗義的豪氣少年，轉變成為佛門普渡眾生的慈悲僧人，展開四十四年弘護三寶、波瀾萬丈的生命歷程。其曾有〈詠懷〉詩云：

少年屠狗混春秋，誰料披緇作比丘；俠習自慚忘未盡，真修方喜進無休。
安禪雲石為床坐，說法松風代舌頭；唯剩閒身何所事，山川重疊恣遨遊。

正是真可這一生的寫照。

## 俠客風骨、嚴守戒律

出家後，真可勇於承擔之風骨不變。明覺禪師想要募捐生鐵萬斤，以鑄造大鐘。真可得知後便說：「吾助之。」於是獨自前往南方的浙江平湖，向當地的豪門士族化緣。此地篤信佛教，是江南經濟繁榮富庶的所在。

當真可來到這些大家族的門口，就地跏趺而坐。吃飯時，豪門主人出來，用飲食供養，真可卻不吃，主人便問有何所需？真可說：「化鐵萬斤造大鐘，有即受食。」主人立即布施了生鐵萬斤給他，真可這才接受主人的飲食供養。飯後，他便把這些生鐵運回虎丘雲岩寺。

「化緣」在佛教來說，本是極莊嚴神聖的。比如釋迦世尊，是為一大事因緣而出現於娑婆世界，教化眾生，渡過生死大海；此一大事因緣，即為「化緣」，即化度眾生的因緣。

一般說到「化緣」，總會聯想到募捐金錢上。出家人化緣募款，往往是為建寺院，這本來也是一種教化因緣。在佛陀時代，除了佛陀，其餘的大弟子們為了僧團的四事：衣、食、臥具、醫藥，也曾向在家人勸募；有時為了住的問題，也會勸募。不過，作為一種與佛結緣的善巧方便，通常他們並不向已經信佛的人募化，而是向未信佛者進行方便教化，與佛結緣，使其接受佛法，歸依三寶，證得聖果，了脫生死。如此的化緣，始可稱為真正的化緣。

真可當時十七歲，只是剛出家的沙彌，一聽到師父要化一萬斤的生鐵鑄造大鐘，即能挺身而出、戮力相助；又以非同凡響的自信在豪門大戶前趺坐，運用這樣的善巧方便化到一萬斤生鐵，也因此度化富人。這般大行非一般人能輕易做到，何況真可只是剛出家的沙彌！

從出家與化鐵之事，真可在年輕時即展現了過人的見識與自信，剛毅果敢與勇於承擔的氣魄，對於當下承擔，絲毫沒有任何猶豫。

化鐵回到虎丘雲岩寺後，真可立即閉門讀書，精勤用功，約有半年的時間足不出戶。

雖精進用功，但未改其剛烈。真可一看到自家他們寺廟有之出家僧眾，有喝酒吃肉等犯戒行為，便嚴厲喝斥到：「出家人如此飲酒、食葷腥，其最罪可殺也！」使那僧人忌憚萬分，怕了真可，不敢再犯食葷腥之戒。

剛出家的真可，因未滿二十歲，只能受沙彌十戒，要遵守十條戒律：一、不殺生，二、不偷盜，三、不邪淫，四、不妄語，五、不飲酒，六、不香花鬘塗身，七、不歌舞觀聽，八、不坐臥高廣大床，九、不非時食，十、不捉持金銀寶物。真可嚴守戒律，所以對那些犯戒的行為非常厭惡；看到不如法的出家人時，便疾言厲色、形諸言表，令人不寒而慄。因剛出家，習氣尚未改，他這種疾惡如仇的俠客風骨，於此表露無遺！

由這些事情所展現出的氣勢，可看出真可威猛剛烈的個性，及是非分明的特質。他曾自評：「吾賦性剛偏，人少有逆之，則勃然不悅；然而，事過即忘之矣。」可見真可是對事不對人的。

真可不認為疾惡如仇是錯誤的；反而認為，疾惡需重，向善才真。他說：「夫疾惡不重即向善不真，向善不真則觸境逢緣，利害相關處，腳跟便立不定。」重點還在於如此有助於立定自身之心念。

而真可大師這種剛烈的性格，頗似江湖游俠或沙場軍人的驍悍，令人為之敬畏，亦方能於亂世中仗義救苦、宣揚佛法而毫不退轉。

嘉靖四十一年（一五六二），真可年滿二十歲，即從明覺受具足戒。（註四）真可之受具足戒亦可謂難得。明太祖於洪武三年（一三七〇），將寺院分為禪寺、講寺和專門應付經懺的教寺等三類；之後裁撤了律僧和律寺，也沒有依律而住的「六和僧」，嚴重破壞了佛教的體制。明初雖還有傳戒的活動，但沒有了律寺和專為弘律的僧才，各方禪林又不能不傳戒，流弊所至，演為競相濫傳戒法，使律宗典型盡失，雖名存而實亡，傳戒師資的素質更是良莠不齊。

根據永覺元賢（一五七八至一六五七）《續寱言》所述，明代著名的北京潭柘寺戒壇（北戒壇）和浙江杭州的昭慶寺戒壇（南戒壇），雖號稱當時的南北兩大戒壇，但並不如法，其鄙陋使佛弟子深以為恥，終至遭受官方干涉，於嘉靖四十五年（一五六六）詔禁僧尼開戒壇傳戒，使得傳戒活動全面停擺。出家僧尼無戒可受，戒律儀軌湮廢殆盡，佛教叢林喪失自我約束的能力，變成藏汙納垢的地方。直到萬曆年間，如馨古心律師於南京靈谷寺重興南山規制，官方始同意開放設壇傳戒，使佛教叢林的僧團步上正軌。

此外，明代對僧侶的規定，僧人欲進行遊方活動，至少得年滿二十歲，於府、州、縣或赴首都試經通過、取得度牒（註五）後，才可以在國內展開遊方活動。真可受具足戒、成為正式比丘後，就開始作小規模的行腳參方，遊學於常熟、嘉興等地，範圍不出今江蘇、浙江地區，並喜獲善知識的護持。

他在常熟遇到相國嚴養齋（一五一一至一五八四），相國對其青眼有加。嚴訥，字敏卿，號養齋，直隸常熟縣人，歷任禮部左、右侍郎、吏部尚書等職；嘉靖四十四年，嚴訥兼武英殿大學士，入內閣。明清兩代，把入閣大臣都稱為「宰相」；因此，嚴訥不是普通的高官，時人尊稱其嚴相公，可謂地位顯赫、名聲遠播。相國看到真可，視他為奇器，非泛泛之輩，留他在常熟月餘。

之後到浙江嘉興的東塔寺參訪。東塔是嘉興最古老的佛塔，建於梁朝天監二年（五〇三），寺以塔名，是一有名的古寺。明代東塔寺是嘉興城外最大的寺院。

真可看見有一僧人在抄寫《華嚴經》（註六），心生恭敬，便跪在一旁觀看良久，感歎地說道：「吾輩若能如此，即滿足矣！」（註七）

真可之後來到浙江嘉善縣武塘鎮的景德寺，決定掩關（註八）三年。景德寺，在明洪武二十四年（一三九一）定為講寺，在歷史上是嘉興的著名寺院之一。

真可一生閉關修行多次；這種「閉關修道」的修行方法，在明朝之後頗為盛行。從元朝時，開始有寂靜一處、「閉關」守六根門的方式來學道之說法；到了明朝，方有以「閉關」守六根門之方式來修道的事蹟。在歷代祖師中，單單明代的祖師，就多達六十四位祖師曾閉關修道。換言之，從這比例來看，可以證明明代「閉關學道」的風氣非常盛行。

綜上所述，真可來到蘇州，從出家、受戒、三年閉關，自嘉靖三十八年至四十五年（一五五九至一五六六），大概有六年的時間，都在江、浙地區活動，真可也看到當時江南佛教的情形。

因明初太祖分天下寺院為禪、講、教三類，強令僧人「各承宗派，集眾為寺」、「清其事而成其宗」，促進了諸宗進一步融合會通，以及從事祈福弭災、追薦亡靈等各種法事活動的「教僧」（瑜伽僧、赴應僧）的專業化及其隊伍的壯大，導至明朝中期以後，教僧占整個僧侶總數的將近半數。而且，由於朝廷大量鬻牒，僧眾中龍蛇混雜；這些人大多並不真心皈依佛教，也不潛心修學。

為了防止僧俗混淆，禁止僧人遊方問道。如前已述，嘉靖年間甚至三次下令封閉戒壇，禁止傳戒說法；如此一來，寺院教育逐漸廢弛，「末法澆漓，真風墜地」。所以，明朝中葉以後，佛教呈現出「山林佛教」、「死人佛教」「經懺佛教」的樣貌。

如果說元末明初佛教的一些宗派尚能傳承有人，但「自宣德以後，隆慶以前，百餘年間，教律淨禪，皆聲聞闃寂。」佛教各宗基本上沉寂不振，佛教相當衰微。

以南京為例。當時明初定都南京，明太祖尚提倡佛教，大量徵召各宗名僧，咨問法要，舉辦法會，編刻大藏經，不斷修建寺院，並對天禧、天界、能仁、靈谷、雞鳴、棲霞等各大寺大量賞賜田地山場，支持和保護其寺院經濟，使南京成為當時全國的佛教中心，以八大寺為首的佛教寺院經濟非常興盛。

到了明朝中期，因首都北遷，南京地區的佛教逐漸失去皇權的眷顧和強有力的保護，八大寺欽賜土地先後被加徵賦稅，加上佃戶抗糧，使寺院經濟陷於困頓。南京佛教各宗，也多沉寂不振；以禪宗而言，所謂「禪道不彰」、「江南法道日漸靡無聞焉」。佛教內部，制度渙散，管理混亂，僧人「各立門戶，梵唄稀聞，觸鑾時競」，「即有數椽僅存遺制，而主者非人，檀施不繼」，也逐漸廢圮。因此，明代中期以後，江南地區的佛教日漸衰微。

真可見此情景，發願振興佛教；到了萬曆年間，在民間社會廣泛弘法，吸引了大量讀書人向心於佛教，使禪悅之風大盛於東南地區。

【註釋】

註一：虎丘，是江蘇蘇州的山丘，「虎丘」之名始於春秋。吳王闔閭於周敬王六年至二十四年（西元前五一四至四九六年）曾在此建行宮，闔閭死後即葬虎丘。《吳越春秋》載：「闔閭葬虎丘，十萬人治葬；經三日，金精化為白虎，蹲其上，因號虎丘。」

山丘上及附近有多處古跡，最引人入勝的古跡就是傳為吳王闔閭墓的劍池。從「千人石」上朝北看，「別有洞天」圓洞門旁刻有「虎丘劍池」四個大字，渾厚遒勁，原為唐代大書法家顏真卿獨生子女所書。圓洞內石壁上另刻有「風壑雲泉」，筆法瀟灑，傳為宋代四大書法家之一米芾所書。崖左壁有篆文「劍池」二字，傳為大書法家王羲之所書。

虎丘在古代就是著名的景點，有「吳中第一名勝」之譽。宋代蘇東坡曾有「到蘇州不遊虎丘乃憾事也」的讚譽。

註二：虎丘雲岩禪寺，位於蘇州西北的虎丘山上；因虎丘原名「海涌山」，故該寺又名「海涌寺」，也稱作「虎丘山寺」。據《吳地記》記載：始建於東晉咸和二年（西元三二七年），由司徒王珣與司空王珉兩兄弟，利用兩人的舍宅營建，當時分為東、西兩座寺院，稱「虎丘山寺」，寺宇頗為壯觀，為東南一大名剎。

晉高僧竺道生（三五五至四三四）從北方來此講經弘法，留下了「生公說法，頑石點頭」的佳話和生公講臺，千人坐、點頭石、白蓮池等膾炙人口的古跡。

到唐代會昌五年（八四五），該寺大部被毀，重建時合二寺為一寺，並從山下遷移到山上。歷來高僧輩出，文人雅士慕名而至。

北宋年間重建，蘇州知州魏庠奏改虎丘山寺為「雲岩禪寺」，由律宗改奉禪宗。北宋仁宗慶曆四年（一〇四四），把禪寺改為十方住持，此後這裡經常是禪僧掛錫的地方。

臨濟宗十二世禪僧紹隆（一〇七七至一一三六），晚年輾轉來到蘇州（當年稱平江府）虎丘雲岩禪寺，來此主事，大振圓悟禪風，終於在虎丘興起，並確立了禪宗虎丘派，人稱「虎丘紹隆」。一時眾僧雲集，道聲大揚。

此脈因以紹隆禪師為開山祖師，故稱其法系為「虎丘派」，影響不小；與圜悟克勤禪師另一弟子，大慧宗杲禪師所開演的「大慧派」並立，在佛教界影響頗大。當時紹隆名傳宇內外，法席鼎盛，日本使者來華必到虎丘拜謁。東南大叢林號為「五山十剎」者，虎丘雲岩寺規模宏偉、重樓飛閣，被列為禪院十剎之九。

自虎丘建寺後，從此高僧名士，相繼駐錫吟詠；騷人墨客，酬唱書畫不已。雲岩古剎禪風蔚然，其歷史地位顯赫，居吳中之冠。

註三：「單」指睡單；不倒單即常坐不臥，本是原始佛教修「頭陀行」（苦修）所用之法。有修禪定者，功力純深時，亦能於夜間常坐不臥，即夜間不睡覺，結跏趺坐，或念佛，或參禪，或看話頭，盤踞終日，不分晝夜。此乃了生脫死、速證涅槃之要行。

過去很多大師修不倒單。然而，功力尚淺者，勉強不倒單，形成雖坐卻在睡中的習慣，以坐代睡，這不是真正的不倒單，而是一種無益而有害的習慣。不倒單只是深定中的一種自然功用，不可勉強求之，禪門中也並不要求一定要不倒單。

註四：具足戒之梵語為upasajpanna，或upasajpadā，音譯「鄔波三鉢那」，意譯「近圓」，有親近涅槃之義；又稱為近圓戒、近具戒、大戒，略稱具戒。指比丘、比丘尼所應受持之戒律；因與沙彌、沙彌尼所受十戒相比，戒品具足，故稱具足戒。

依戒法規定，受持具足戒即正式取得比丘、比丘尼之資格。在佛教的出家戒律裡，求受具足戒是有規定的。首先，求受戒者年齡已滿二十歲，不得超過五十歲；如果是閹人、變性、雙性、非人等，不准出家及受淨戒，此乃佛制。此外，欲受此等具足戒者，當得身體強健，諸根具足，無有聾盲等眾患，身器清淨，無有邊罪、犯比丘尼、賊住等雜過，具出家之相，剃除鬚髮，披著袈裟，已受沙彌（尼）戒，身心俱無障礙，且有心求受戒者，方可允准受戒。

受戒前應如法恭請「三師七證」，作為十方戒子之得戒、羯磨、教授三師和尚以及尊證七師。受具足戒之後，才正式具備了比丘或比丘尼的身分。

中國僧尼自隋唐以降，皆依《四分律》受戒；並特於受持具足戒外，加受四重四十八輕戒之菩薩戒。具足戒亦僅標示主要之戒律，令持戒者由此而於一切境界中遠離罪惡，趨於圓足，故謂具足戒。若就戒數而言，實係無量無邊，須於一切境界中精勤修持，擇善離惡。

註五：度牒，佛教和道教術語。古代中國官方為了管理僧道，出家須經官方同意；所須發的身分證明文書，便稱為度牒；因為這份文件由尚書省祠部司所發放，因此又稱祠部牒。此制度最早始於唐代。擁有度牒的僧人或道士，可以免除賦稅和勞役。沒有度牒而私自出家的僧道，稱為私度；經官府發現，將會予以處罰，勒令還俗。因此，後世僧人遊方掛單，必須隨身攜帶戒牒，作為身分證明。

註六：《華嚴經》（mahā-vaipulya-buddhâvataṃsaka-sūtra），全名為《大方廣佛華嚴經》，為大乘佛教的重要經典，被視為「諸經之王」或「諸經中寶」。據說是釋迦牟尼佛成道後，進入甚深禪定，向文殊、普賢等菩薩解釋無盡法界時所宣說的內容，被認定為大乘佛教菩薩行及世界觀的最完整記載。

此經著重宣講菩薩以菩提心為因，修持諸行，進而證入佛地的因果，顯示心性含攝與所發的行願，都無量、無盡、無礙，最後達到如佛陀般自在、莊嚴的勝境。其所開顯的華嚴世界、菩薩行道、法界緣起、性起等思想，同是華嚴教學中所揭示的重要教法。所以，當真可看到這部經典時，會發出由衷讚歎。

註七：古代印度佛教高僧無著（Asanga）菩薩（約四世紀），說抄經有五種功德：可以親近如來；可以攝取福德；亦是讚法亦是修行；可以受天人等的供養；可以滅罪。所以，抄經是一種修行，也是受持經典很好的方法之一。

隨著抄寫經文並學習經典、瞭解其中內容，心境能逐漸與佛法相契合；一方面抄經，另一方面則可以使我們身心受束縛的妄念、以及惑亂身心的貪瞋癡三毒煩惱，漸漸調伏放下。所以，在大乘經典中，都明示書寫佛經、受持讀誦、廣為傳播，有極大的功德。

也因為抄經有諸多感應與功德，從六朝以後，各朝代都有非常多虔誠的佛教徒——包括出家僧人和帝王、官吏、宮人、士大夫、平民等在家居士，為了弘揚傳播佛法而抄寫經典，或者為了祈福、報恩、布施、超薦亡者而寫經。

流傳經典如果僅靠抄寫並不方便，這也是真可後來發願開刻《大藏經》刊行於世的主要原因。

註八：出家修行，佛制只有安居，並無「掩關」一說；所以，未聞佛世的比丘有人曾掩了關的。掩關或稱「閉關」的法門，乃出於中國的禪林，所謂「閉關守寂」、「閉關學道」，這是閉門獨居以修習佛道的意思。主要是指，在一定期間內，於某一禁語並且固定的活動範圍內（結界不出關房），所作的閉門修持或研學。

雖然閉關期間的作息、內容及方法，會依個人的目標以及受持的法門差異而有不同；但是，原則上是「斷絕外緣，於寂靜處精進的修持」；而閉關之期限，也依個人修習之不同目標、法門而有所差異。至於閉關的深層意涵，即是關閉根門——關閉自己的六根，即身，口，意三業，不讓心被雜染，防護六根門向外攀緣。關閉六根門，關閉自己的貪婪、欲望、執着與煩惱等，把自己的身心關在屋內或室內，而將會汙染心靈、障礙修道的雜念都關在門外、關在心外，將身心都關閉凝注起來，令不善法不生起，斬絕紅塵俗念，保持內心清淨，集中精力修持佛法。

閉關的法門、方法多元化，包括：閱藏經、閱經（如《華嚴》、《法華》）、念佛、般舟三昧、坐禪（華嚴觀）、持咒（大悲咒、方等三昧行法）等方法。閉關的時間大多以三年為一期（或閉六年關）。

# 第三章　雲遊天下，參師訪道

古之成大器於當世者，無一人不從行腳中來也。若不徧遊知識之門，歷煉鉗鎚之下，而欲成器者，未之有也。

三年後，嘉靖四十五年（西元一五六六年），真可出關了，離開景德寺，回到蘇州虎丘雲岩禪寺。他向明覺告假辭別，決心繼續行腳遊方，到各大叢林去參訪善知識，以究明生死根本大事。

## 行腳天下

真可揮別了他生活六年的虎丘雲岩禪寺，拄著禪杖出發，「遊江海，涉山川，尋師訪道為參禪」，從此展開他行腳參訪、雲遊天下的習禪之路。

行腳，又作遊方、遊行，是古代僧侶修習至某個階段後，離開寺院，為精進佛學修行而尋師求法、或增長見聞而游食四方的「遊學」活動；從事遊方活動的僧人，在明代統稱為「遊方僧」或「行腳僧」，亦稱為禪宗參禪學道的「雲水僧」。依據當時明太祖佛教政策的規定，禁止僧人入市化緣、與官府往來或私建寺院庵堂等，但鼓勵持有度牒的僧人講經說法、遊方問道。

明朝的佛教僧人分為三種：禪、講、教（法事）；其中，禪、講二宗的僧人幾乎都會經歷遊方活動。特別規定，除遊方問道外，禪、講二宗，只守常住，篤尊本教，不許有二，不許散居，及入市村；亦即不許僧人集聚城市，將僧人的活動範圍限制於山林城郭或鄉落村中。僧人度牒一定要隨身攜帶，以便有司查核。若身無度牒，集眾說法活動，很可能被視為白蓮教等旁門左道，或私自剃度假扮的瑜伽僧，或是無籍遊方僧與民雜處，會被處刑、驅趕，或送至僧會司處置。

明初是用周知冊與度牒制度管理遊方僧的流動；僧人為了取得度牒，必須離開寺院上京考試；所以，當時僧人的遊方活動在首都附近非常興盛，明初政府對僧人進行的遊方活動亦是認同與鼓勵。

像真可這一類的遊方僧，行腳參訪是「訪師學道」，也就是為了追尋真理而走訪善知識，類似今日所謂的「遊學」。自古以來，佛教僧侶行腳雲遊於各地，遍參天下的善知識，藉以增長自己的見解，究明迷悟、實妄等生死大事，就如《華嚴經》中的善財童子歷參五十三位善知識一般。真可一生多次行腳，離開自己所住的寺廟，到其他全國各地的寺院中，參究佛法、求師解難，巡禮十方叢林。他認為：

古之成大器於當世者，無一人不從行腳中來也。若不徧遊知識之門，歷煉鉗鎚之下，而欲成器者，未之有也。

這是佛教修行中知行合一、領悟佛教義諦、達致開悟境界的必經之路，由此可知行腳遊方對僧侶之重要性。雖然如此，真可認為：

或雖欲行腳，求心不息，緣念紛然，今日某州，明日某縣，奔南走北，目盼心馳，至於白首，終無成就。直須按下雲頭，捨著性命，歷艱經險，面皮若生鐵鑄成；遇樂逢歡，心志似純鋼打就；心不到境，境不到心，如是則有少許行腳分耳。

其實，行腳遊方也不是一件容易的事，如真為求道，是要捨下生命，歷經千辛萬苦的。真可說，如果意志不能堅固、像鋼鐵般不動搖，而是遇境逢緣、雜念紛紛，東奔西走、隨波逐流，到老也是一無所成的！

到了明代中葉以後，因為度牒浮濫，遊方僧連化緣都可能受到懷疑，並且屢遭禁止；且有些僧人不守戒律，私度氾濫，妄從異端。此外，明中葉以後，隨著商品經濟發達而社會風氣改變，僧人化緣的內容大部分被銀錢取代，僧人化緣的行為因此時常引起官員或仕紳的反感。

嘉靖四十五年，白蓮教在京城盛行，官方嚴禁遊方僧，不管有無度牒。顯然度牒制度已被破壞，遊方僧的素質及數量失去控制，因為私造度牒者遊食天下，奸盜詐偽靡所不為，形成社會重大治安問題。

疑情與禪悟

有一天，真可在路上遇到一位僧人，正一邊走路一邊念叨著唐張拙秀才的〈見道偈〉（註一）：

光明寂照遍河沙，凡聖含靈共我家。一念不生全體現，六根才動被雲遮。
斷除煩惱重增病，趨向真如亦是邪。隨順世緣無罣礙，涅槃生死等空花。

當念到「斷除妄想重增病，趨向真如亦是邪」這兩句時，真可立刻說道：「錯了！這偈子有違佛理，應該改成：『斷除妄想方無病，趨向真如不是邪』！」

然而，這僧人卻回答：「不對！是你錯，張秀才說的沒有錯！」真可聽了心生疑惑，百思不得其解：佛教本來就是要斷除妄想的，為何是「重增病」？真如即是佛性、覺悟，學佛修行的目的就是要覺悟、要證得真如，怎麼會「趨向真如亦是邪」呢？因此產生了很大的疑情。

為了參破這兩句，每至一處，他就把這兩句偈子寫下來貼在牆頭上，時時提撕，日日參究，反復推敲其中的道理何在。朝思暮想，疑結始終無法解開，以至廢寢忘食，甚至到了頭面浮腫的地步！就這樣日復一日地參。

有一天早齋，真可忽然大徹大悟：啊！吃過了飯，還端著飯碗便是累贅！同樣地，妄想本空，刻意斷除妄想之念，也是妄念；禪心空靈，真如無形，刻意執著，即是乖張，即是邪道！禪就是放下「斷除妄想，趨向真如」的執著心，換成一顆空靈無形的平常心，就是佛性、真如了。

了悟到張秀才不求斷除妄想、不求真如的境界，更看到自己沒有妄想，離開了分別的執念，心與真如不二，端坐著吃飯也能了了分明，這是最真實不過的事了。此時，張拙的對和自己的錯全不見了，頭臉的浮腫也消退下去。這是真可首次的禪悟經驗，約在二十四至二十六歲之間。

之後，真可對於禪家的機緣語句，特別用心參究，對於浩瀚的佛法則未有深入。及至讀了天台智者大師的《觀心頌》，才開始進入佛法教理的學習，曾寫下偈語：

念有一切有，念無一切無；

有無惟一念，念沒有無無。

真可在禪門中吐氣揚眉，禪法上的見地已經超越當世諸方禪德許多了。不過，他仍感嘆道：「倘若我是在古代臨濟、德山兩位大師的座下，只要一巴掌就能醒悟，哪裡還要這樣費盡苦心地參呢？」

在中國禪宗史上，唐朝有兩位非常卓越的禪師，分別以「棒」、「喝」聞名。德山宣鑑（七八二至八六五）善於用棒，臨濟義玄（生年不詳，卒於西元八六六年）精於用喝，因此稱德山與臨濟是「棒、喝」家風，其教法頗為峻烈熱辣。然而，德山不是見人就打，臨濟也並非見人就喝，棒喝只是一種應機用來啟發弟子的手段罷了。（註二）

因為真可的個性剛烈，所以他認為，「棒、喝」這種強烈迅捷的禪法，或許能更有力地幫助他開悟吧？

## 看話禪

這一次參禪的經驗，是真可出家以來第一次的體證，自參自悟，沒有任何禪師接引。這種方式，即是「看話禪」，是公案禪的另一個名稱，又稱為「看話頭」。南宋臨濟宗楊岐派下的大慧宗杲（註三），是中國禪宗史上第一位大力提倡參話頭（註四）的祖師。

所謂「看話禪」，是通過看「話頭」以起疑情而達到開悟的一種參學方式。「看」是內省觀察、守護之意；「話頭」則是從古德的公案典故中擇一語句，作為參究審察的對象，就叫「話頭」（即題目）；歷經真實參究，機緣一至，則得以開悟。

此種禪風先慧後定；參究公案中之「話頭」，其目的在於「杜塞思量分別之用」、「掃蕩知解，參究無意味語」。

真可就以這兩句：「斷除煩惱重增病，趣向真如亦是邪」為參究的話頭，先起「疑情」——疑情可說是看話頭的拐杖。有了疑情，他就用這兩句話，愣頭愣腦地問，抱住話頭，問、問、問、問；問的時候，不是機械式地重複，而是要有「想知道、想知道、想知道」的努力。

然而，既不能給它答案，也不是等待答案，而是迫切地尋求答案，一直問下去；問到既吞不下又吐不出的程度時，繼續不斷地、夜以繼日地、廢寢忘食地參、參、參；不得用自己既有的知識、觀念及經驗去解答、解釋、分析那個所參話頭的意思。否則，疑情不起，或者因為心念一動，疑情可能會立即消失。

就在窮參不捨地追問之下，時機成熟，會有某個「身心脫落」的瞬間，窺見「諸法實相」或「本真自性」，稱之為「開悟」。

當真可一聽到「斷除煩惱重增病，趣向真如亦是邪」這兩句時，當下就認為是錯誤的，這是用一般人的知識、觀念理解；但對方回答：「不對！是你錯，他沒有錯！」使他產生很大的疑情，就讓真可鑽進這兩句話裡，不知天南地北、不辨白天黑夜，一直抱住這兩句話。這時，心已被包圍，稱為「疑團」。

從早到晚，從晚到早，打坐時在疑團裡頭，吃飯時也在疑團裡頭，經行時、乃至於如廁時，都在疑團裡。若是輕度的疑團，也會保持幾小時或幾天；若是深度的疑團，就可能保持到十天半月。疑團的力量越強，出現的悟境也可能越深。真可便是於用齋時豁然大悟。

看話禪有三個階段：起疑情↓看話頭↓澈然大悟。悟前是困惑在心，有困惑才有動機參禪，所謂「大疑大悟，小疑小悟，不疑不悟。」這三個階段是必經的歷程。

當初在蘇州虎丘明覺的引導下，開啟了真可的出家學佛之門；但是，明覺對於真可佛智的啟發以及日後思想的形成，並沒有太大的影響。真可的禪悟修證，大都是自修與參學中得來的。

真可這一段參禪公案說明，人通常都是習慣用思考來判斷問題、應對問題，這在平常情況下並沒有錯；不過，在參禪的修行裡，則要學人超越思考、邏輯、理論，而把自我的判斷、立場全部放下，如此才能超越於主觀與客觀、內在與外在，得以大自由、大自在、大解脫。

## 應無所住而生其心

真可之後又有數次以禪機接引或悟入的經驗。

有松陵鎮（位於蘇州）丁慈音居士請問真可，什麼是《金剛經》的「應無所住而生其心？」結果真可反問：「如何是應無所住而生其心？」這居士心中惘然不解。

於是真可忽然敲著桌子說：「聽到了嗎？」居士回答說：「聽到了！」「這不就是生其心嗎？」又問：「你是有心聽，還是無心聽呢？」回答說：「我並不是有心要聽。」師曰：「這不就是無所住嗎？」

真可最後又說一偈：

木魚打得頻，怕痛忽生瞋；

汝若知痛處，禹門度金鱗。

意思是說，木魚空心本是死物，如何生瞋心呢？如果死物會生瞋心，無情變有情，而有所覺知——一、二句故意形成對比，如此急轉而下——那就可以「禹門（龍門）度金鱗（鯉躍龍門）」，來個大翻身了！

「應無所住而生其心」在禪宗公案裡時常出現，也是指點學人覺性本具、「日用而不知」，不必往外尋尋覓覓，只要安住本心、安住於當下即可！「應無所住而生其心」是《金剛般若波羅蜜經》的名言；相傳中國禪宗六祖惠能乍聽此語，馬上觸發他的宿世慧根，決心踏上佛法修證的光明大道。在五祖弘忍座下，經過八個月的劈柴舂米，再經試探、點撥，終於得到五祖弘忍大師的印可，選定為衣缽傳人。

「無住」是什麼呢？就是不在任何念頭或現象上產生執著、緊抓不放。比方說，一般人受了打擊，被心外的事物所困擾，就是心有所住。身為凡夫的我們不妨常練習「無所住而生其心」，努力修行；假以時日，就會把世間的人、事、物視為如夢幻泡影。如此便可以認真的扮演好自己目前的角色，卻能清楚拿捏尺寸，不會身陷其中難以自拔，也就不會因此煩惱、悔恨上心頭了！

真可悟道之後，即遍歷禪席，由南向北，四處訪道參學，居無定所。為了窮究法相唯識宗的奧義，他來到了匡山（江西廬山）求法。他不畏長途跋涉的辛苦，行腳甚勤，一日行二十里；即便雙腳疼痛不堪，依然以石砥著腳底，繼續行走。這樣過了一些日子，因為不斷鍛鍊的緣故，他竟然行步如飛，一天能趕二百多里路！

此外，真可所行持的是相當精嚴勤勉的頭陀行。所謂頭陀（梵語dhūta），也音譯作杜多、杜荼、毒他、投多、偷多、塵吼多，意譯可作抖擻、淘汰、棄除、抖揀、洮汰、浣洗等，也就是要滌除煩惱與塵垢，捨卻不需要的衣、食、住來修練身心，是佛教僧侶的一種修行方式，通常稱為頭陀行、頭陀事或頭陀功德（dhūta-guṇa），修頭陀行的人的稱為「頭陀行者」。

佛陀的十大弟子中，摩訶迦葉就是頭陀第一。因他們長居阿蘭若（梵語

aranya，原指森林中的空地），遠離人群，故又稱阿蘭若比丘，或森林比丘、叢林比丘。在中國，頭陀也指行腳乞食的出家人，其居無定所，四處行腳乞食，流落江湖。

真可年少時，性格雄猛剛烈，出家後表現在自身的修行上，則是律身嚴謹而喜好苦行；所以，長途行腳的苦行對他而言，是心甘情願地自我偏苦、吃苦的修道生活方式。

之後，遊歷到山西五臺山時，在峭壁空巖處，真可領受一位老修行人「佛法乃不二法門」的無言示教。當真可來到五臺山，抬頭時發現，在半空中的懸崖絕壁上，有一個僅可容身的小小岩洞；洞中，一位老得看不出年齡的老僧，寂寂孤坐！很顯然，這是一位經年苦修的老僧人。

真可見了，十分欽敬，就問：「一念未生的時候該如何呢？」老僧不答話，只倏地伸出了一根手指；真可接著追問：「念頭已經生出來之後，又該如何呢？」老僧依然不言不語，只是展開雙手。

就像真的有一道禪門隨之洞開，真可當下了悟其中的禪機，這是他又一次的悟境。只是，回頭要再尋這位老僧時，卻已杳如黃鶴，沒了蹤影。

## 脫去一層還一層

明神宗萬曆元年（一五七三），真可已三十一歲，遊歷了半個中國，行腳北上來到了明朝的都城燕京（即今日之北京）。

當時的燕京是明朝的政治、宗教、文化中心。真可遍參當代的宿老，前後拜謁了張家灣（位於北京市通州區東南部，是通往華北、東北和天津等地的交通要道）的暹法師、千佛寺的禮法師、西方庵的寶講主（即笑岩德寶）等人，最後又參訪法通寺的遍融長老。

遍融真圓與笑岩德寶，同為明中葉以後聞名北京佛教界的兩位大長老，亦是當時各地入京參禪學佛者爭相訪求的佛門耆宿；諸如萬曆時期的雲棲袾宏及憨山德清，都曾先後入京就教、叩問禪要，也是隆、萬年間振興佛教的重要先驅。

真可到了京師法通寺，參禮一代華嚴宗匠、極負盛名的尊宿遍融真圓禪師（註五），其間有一段十分活潑的機鋒。

遍融問：「從何而來？」真可答：「從江南來。」

遍融問：「來此作什麼？」真可答：「學習如何講經說法。」

遍融問：「為何要學講經說法？」。真可答：「為了貫通佛經要旨，代佛宣揚佛法教化。」

遍融說：「你講法的時候，要用清淨心來說法。」真可答：「現今晚輩本來就一塵不染。」

遍融拉著紫柏的外衣說：「你說不染一塵，這麼好的一件長衣又從什麼地方來呢？」真可一時愣住，遍融說：「把長衣布施出去吧！」說著就將真可的長衣脫掉，送給一旁的侍者。遍融看到紫柏的貼身衣物，大笑說：「你裡面還有衣服！脫去了一層（塵），還有一層（塵）啊！」

真可一聽，便微笑點頭，便決定留在遍融禪師座下學習經教。

這次遍融以「脫了一層還有一層」之機鋒逗教，真可乃明白「一塵不染」的究竟真義！二人問答之間，真可機鋒敏捷，雋語時出，令遍融點頭稱許；但因自己習氣未除，故遍老開示：「脫了一層，還有一層！」果真觀察入微。

雖然是為了習講而來參訪遍老，真可卻從此不願登臺講經，只是隨緣說法。遍融禪師對真可的啟迪可謂甚大、甚深。

禪宗講「不立文字，教外別傳」；因此，當真可向五臺山老僧請教時，老僧只是用「一指禪」等形式讓真可自己去悟。見遍融禪師時，真可說自己一塵不染，這就有「執空之嫌」，執著於空也是魔。遍融禪師脫掉他的衣服，則是要他放下這顆執著心；沒有了執著心，才是「清淨說法」。

當時北方京師佛教義學盛行，這股承襲自元朝「興教輕禪」的學風，使得國家重視講經注經，義學相當發達；禪僧也競上京城，聽習經典。在真可上京請益遍融的對話當中，就顯示這樣的學習風潮。

在北京義學講習之中，尤重華嚴學，以華嚴僧居多；遍融在此聽習華嚴及弘揚此教，並行參禪念佛，集教、禪、淨於一身。遍融念佛，並宗賢首，可見明中葉以後，佛教已進入諸宗融合的成熟期。

後來，遍融長老在萬曆十二年（一五八四）圓寂。為感念遍老的恩德，真可曾寫下了〈祭法通寺遍融老師文〉祭弔遍老，有「嗣德不嗣法」之語：

出世法中則有戒嗣焉，有法嗣焉。予於遍老之門，未敢言嗣。若所謂德，則此老啟迪不淺，焉敢忘之？

遍老雖歿，但言教、身教還是不斷地啟迪後學，令人懷念。真可以遍融為其老師，但他卻抱著「嗣德不嗣法」的態度。前面曾提及，真可未必反對嗣法的觀點，只是不重視嗣法的形式；而這般不重派系法統的師師相承，亦可視為明末佛教的一大潮流。例如，明末蕅益智旭大師不僅未求任何禪者的印可，甚至極端反對法派承襲的陋習；因此，真可雖無法嗣，他卻稱讚真可：「傳佛祖心法者，惟紫柏大師一人！」

此外，在京師停留的這一段時間，真可又向臨濟宗南嶽系三十三世的耆宿嘯岩——即笑岩德寶（註六）及暹理禪師參證所得。

笑岩禪師亦有一獨特的修禪法門。宋代以來，看話頭成為禪門十分普遍的證悟方式，笑岩則提出「念話頭」的方式。他說：

或厲聲、或微聲云：父母未生前哪個是我本來面目？

復云：咦！畢竟那個是我本來面目？

只此一「咦！」直使當下斷然空寂。這種證悟方法，不僅要參、要悟，還要出聲念，可見德寶的這種證悟方式是受了淨土宗念佛法門的影響，也可視為宋明以來佛門禪淨結合的又一明證。笑岩禪師不僅倡言要把淨土和禪宗的修行理論融合為一，而且還將淨土宗的修行方式融入禪宗之中，形成自己獨特的「念佛禪」。

一晃眼，離他辭別虎丘已經時隔九年了。萬曆二年（一五七四），真可三十二歲，便回到蘇州虎丘探視明覺；不久後又前往淞江，閉關百日。

## 歸吳弘化

萬曆二年，真可百日閉關結束之後，來到了蘇州吳縣。這時，聊城傅御史光宅（註七）為吳縣令；他的兒子名為利根，非常聰明。傅縣令遂命自己的兒子禮拜真可，但利根心中甚不樂意。

某日，利根手拿著兩朵花問真可：「是一還是二？」師說：「是一。」他攤開手說：「明明是兩朵花，師為何說是一朵呢？」師說：「兩朵花是同一株的，我指的是根本相同；而你的是開花後的結果，所以是兩朵花。」利根因此心悅誠服，隨即作禮。

有一回，真可到了蘇州天池山（位於蘇州城西十五公里），會遇了管志道（註八）；真可聽其所言，知其可造，便非常器重他。

某次，真可拈了一株並蒂雙花的薔薇問東溟（管志道之號），他說道：「此花本來都長在同一枝梗子上。」真可就將花分為二，再問東溟，他竟無言以對。於是，管志道被罰供養一頓齋飯，兩人也因此成為心意相合的莫逆之交。

由上可知，真可熱切而且擅於接引人，而根器頗利的管志道心向佛法、樂悟禪機之特質也透露一、二。

以上所述，為真可與傅光宅之子及陽明後學管東溟的一段「鬥機鋒」。在禪宗門中有一種特別的語言應對方式，稱為「機鋒轉語」，是宗門中的一種特別教法，目的是測驗學人的見地和境界。禪宗以含意深刻、不落痕跡的言語彼此問答、互相啟發，有如弩箭觸機而發其鋒銳，故稱為「機鋒」；「轉語」則是那些改變或扭轉一個人思維或觀念的語句。

一個著名的例子是百丈禪師的故事。有一次，當他在開示時，一個白髮白鬚的老人在聽眾之中聽法。開示結束後，老人走向百丈禪師說：「五百世前，我是個修行人；當時有人問我，大修行人是否還落因果？我便回答『不落因果』；結果，我之後一世又一世地轉世為野狐。請您給我一個轉語，好讓我脫離狐身。」

百丈二話不說，直言：「不昧因果！」

聽到這句話以後，老人非常高興，頂禮三拜後便離開了。第二天，百丈與他的弟子在後山撿到一具狐屍——老人終得脫離野狐身，並為他舉行僧人的葬禮。

這個公案或者不是歷史事件，但它闡明了如何以直指問題所在的幾句話便可轉變深刻執著的觀念，並帶來莫大法益。至於禪門的機鋒轉語，或是一種問答的方式；有時對話內容像是風馬牛不相干；有時只是揚眉瞬目；有時或者棒打、或是大喝……總之，不論如何表達，真正的大禪師之言語行動，都是當下對學人之觀機逗教，絕不是毫無根據的。

## 對「冬瓜印子」的批判

萬曆三年（一五七五），大千潤公（即幻休常潤，曹洞宗第二十五世，一五一四至一五八五）開堂於河南嵩山少林寺，真可與巢林、戒如等僧友一同前往少林寺參叩。剛到少林寺，正趕上常潤禪師上堂說法，為大眾講解禪宗公案。

對於常潤禪師的「以口耳為心印，以帕子為真傳」，真可引以為恥，他深切地感嘆：「初祖達摩自西天來此土傳布禪法以及佛祖之心印，就是這樣嗎？」於是決定不復入座，立刻回到南方。

所謂「以口耳為心印，以帕子為真傳」，是指法脈傳承徒具形式，失去真法的精髓。真可這次到少林寺參訪，是滿懷希望而來，卻目睹當時禪宗傳法之種種流弊，結果痛惜、失望而返。憨山亦有對禪道凋零痛心疾首之語，他說：

在昔禪道盛時，處處有明眼知識，天下衲子參究者多，到處有開發。況云：

不是無禪，只是無師。今禪家寂寥久矣！何幸一時發心參究者多，雖有知識，或量機權進，隨情印證，學人心淺，便以為得，又不信如來聖教，不求真正路頭，只管懵懂做。即便以冬瓜印子為的訣，不但自誤，又且誤人，可不懼哉！

中國禪宗一向重視法脈傳承的傳統，代代依之承先啟後，師師相承、心心相印；自唐至宋，禪宗一直依循著這樣的方式傳承而輩出龍象。各家宗門為了防止濫冒，要由傳承明確的明師給予勘驗及印可之後，才能成為正統的禪法傳授者。

但是，經過南宋末期、元朝及明初，一度衰微的禪宗，各家宗旨已逐漸模糊籠統，能夠真修真悟的禪者已寥寥無幾。上一輩的禪者們，為了維繫禪宗寺院在形式上的世代相承，不致因為缺乏真正明眼人的接掌門戶、便趨於滅亡的厄運，對於尚未明眼的弟子，只要稍具才華、勉強能負起寺院管理之責者，也就給予傳法的印可了。此種印可，被禪宗的門內人評為「冬瓜印子」。

「冬瓜印子」是禪林用語：把冬瓜橫著切斷，以此刻成印章；雖然亦能蓋出印跡（即認可），但未免過於輕率、虛偽不實；禪林便以此為喻，指稱師家接引學人時，未嚴加勘驗而隨便印可證明。如《碧巖錄》第九十八則所云：「只管被諸方冬瓜印子印定了，便道：我會佛法奇特，莫教人知。」

佛門的冬瓜印子導致師資傳授積弊叢生，信譽掃地；禪門人材的良莠不齊，窳濫情況嚴重，以「冬瓜印子」作人情處處可見。因此，參禪者愈來愈難以辨識師承是否真為悟者，以偽傳偽、以訛傳訛的傳法便成為禪宗發展史上最大的致命傷。最後造成惡性循環，導致修道者愈來愈多，悟道者卻愈來愈少。有心的禪修者在尋師無門之餘，也只有向古德參求宗旨，才有悟道的可能。

對於晚明禪宗的密室傳帕、或以冬瓜印子相為印可的窳陋宗風，真可、德清等人就感到相當不齒，使得佛門禪者有不重視法脈傳承的傾向。真可因此終身不願擔任寺院住持，也沒有「堂」、「普說」等流傳於世；雖於僧史中被敬稱為「尊宿」，實際上卻被列為「未詳法嗣」，遭摒棄於傳統宗門之外。

離開了少林寺，在南還途中，真可在嘉禾（位於浙江省嘉興縣）結識了陸光祖（註九）；真可小他二十二歲，卻一見相契，僧俗之間從此成為莫逆。陸光祖對佛教信仰虔誠，樂善好施，與真可性情多有相投之處；晚年追隨真可參學佛法，並鼎力護持大師的弘化事業，是重要的方外法友。

這一時期，真可行腳參方，奠定了他一生修行的基礎。在三十歲左右，真可已是一位有為有修的僧人，同時行腳遍歷十方，使他對於當代禪門的弊病多有觀察、省思，也種下日後復興佛門的因緣。

真可於這一階段所結識的宰官俗眾，如傅光宅、管東溟、陸光祖等人，在日後對於真可復興佛教的工作，不論是在寺院的修復或經藏的刊刻，都給予很大的護持與幫助。

【註釋】

註一：唐朝張拙秀才，生平不詳。因受禪月大師指點，參訪石霜禪師。石霜禪師問：「秀才何姓？」張拙秀才道：「姓張名拙。」石霜禪師道：「覓巧尚不可得，拙自何來？」張拙秀才一聽，豁然有省，乃呈偈曰：「光明寂照遍河沙，凡聖含靈共我家；一念不生全體現，六根才動被雲遮。斷除煩惱重增病，趣向真如亦是邪。隨順世緣無罣礙，涅槃生死等空花。」石霜禪師於是印可了張拙秀才，並接受他成為自己的得法弟子。張拙秀才的這首悟道偈非常有名，它將禪宗的基本精神、用功方法到位地表現出來——

（一）第一、二兩句說明：吾人之自性，能生萬法，遍一切處，一切眾生皆具此性，與我一體不二；實際上，無有人我、彼此之分。

（二）第三、四兩句說明：吾人之心，隨六根外馳六塵，生出種種妄想煩惱，將我們的自性清淨本心障住，使我們本具的智慧之光無以顯現。吾人若能一念做到無分別、不執著，則智慧之心當即朗然現前，無有纖毫阻隔。

（三）第五、六兩句說明：修行用功的要點是要作平等不二觀，將生死與涅槃、煩惱與菩提、真如與諸法、入世與出世、生活與修行等融為一體，切忌取此捨彼。所謂「不求真，不斷妄，了知二法空無相；無相無空無不空，即是如來真實相。」

註二：德山禪師見學人來參，皆以「道得也三十棒，道不得也三十棒。」充分體現了他特殊的門風，世稱「德山棒」。德山以棒打點醒學人，其目的是：（一）截斷學人之心識活動，令彼在急遽間不假思索，得於當下見性；（二）不許學人直接說出悟境，以免觸犯自性不可說的忌諱。另，棒打也是測試學人臨機反應而設。德山常用棒，接引學人的禪風比較峻烈，這並非憤怒下的暴力；相反地，他是慈悲心重，所以偶爾會用毒治毒、鉗錐逼拶，打落弟子的妄想執著。

唐代的臨濟義玄禪師，機鋒峭峻，則以喝叱等顯大機用，別成一家，後世稱作臨濟宗，門風興隆，成為禪宗五家（臨濟、溈仰、曹洞、雲門、法眼）中最盛行的一派。義玄禪師以大喝的方式教導學人，目的是讓學人們能覺醒。

「喝」是一種指導、鍛鍊，絕對不是大聲吼叫或恐嚇。學人請法或被喝破，或被擒住，或被拓開，接引門人手段熱烈辛辣；在禪宗五家中獨樹一格，是無可比擬的。相傳臨濟「一喝大地震動」，臨濟義玄禪師的機鋒峻烈，接引學人單刀直入，入處痛快，掃除情見，直接省悟。禪林中有所謂「臨濟四喝」，即臨濟義玄以「喝」接引學徒的四種方法。

棒喝，無非是以棒打或叫喝，用來暗示、啟發參禪學人，實際上是對學人所問的問題不作直接的答覆。用棒、用喝的方法，最容易打斷學人之妄念；一旦妄念起不來、轉不過，便能使你妄念頓消，悟境出現。

註三：大慧宗杲（一〇八九至一一六三），南宋著名禪宗祖師，依止圜悟克勤禪師門下，參學開悟。圜悟克勤禪師以其所著《臨濟正宗記》付囑之，成為楊岐派第五代傳人。宗杲與秦檜意見不合而遭陷；因為宗杲的跟隨者甚多，原已將宗杲流放至衡州（今湖南衡陽），又改流放至梅州（今廣東梅縣）。宗杲於此時收集圜悟禪師語錄，編成《正法眼藏》一書。隆興元年（一一六三），宗杲圓寂，壽七十四歲，謚普覺禪師。

註四：根據大慧宗杲所述，關於看話禪的功用是：

但將妄想顛倒底心、思量分別底心、好生惡死底心、知見解會底心、欣靜厭鬧底心，一時按下，就只按下處，看箇話頭。有僧問趙州，狗子還有佛性也無？州云無。此一無字，乃是摧破許多惡知惡覺底器杖。

以看話頭來摧破思慮情識，使得修行者在突然間達到大悟徹底、平等一如、不即不離的自在境界。

看話頭、參公案，乃是禪宗的利器，在中國南宋以後的禪宗諸祖，大抵多用此法，所謂「參禪」二字，即從看話頭、參公案的方法而來。大慧宗杲極力主張專門參看一則話頭，臨濟宗後世弟子皆奉為圭臬，爾後其風益盛。

元代禪宗便出現了數位重要人物，其中以天目山的中峰明本禪師（一二六三至一三二三）為當時弘揚看話禪法的佼佼者。中峰明本特為揭櫫麻三斤、柏子樹、須彌山、平常心是道、雲門顧、趙州無等古公案，頗影響一代之禪風。

此外，宋代以後，禪淨合習之思潮甚盛，以「阿彌陀佛」四字為公案之風極盛一時，此亦為看話禪之一種。直至明末，參話頭的禪法，已儼然成為禪門的主流，不分曹洞或臨濟的門庭，普遍對大慧宗杲的禪法給予極高評價。

「參話頭」在明末諸位有成就的禪師心目中，已成為禪門一項最重要的鍊心利器；例如，憨山便對「看話禪」的修行方法極為推崇。憨山〈示太素元禪人〉中云：

話頭，深深看覷，則彼妄想自然掃蹤絕提起跡矣，此是初心下手做工夫的訣。

又如曹洞宗師無明慧經（一五四八至一六一八），本人因參話頭而開悟，亦以話頭禪示參學之士云：「參學之士，道眼未明，但當看個話頭。」其嗣法門人無異元來（一五七五至一六三〇），亦以參話頭示初心做工夫者，其警語云：「做工夫舉起話頭時，要歷歷明明，如貓捕鼠相似」、

「狗子佛性無，當下絕親疏」。可見參話頭之風氣當時並非臨濟門庭專有，而是普遍流行於禪林。

註五：真圓法師，字大方，別號遍融（或偏融、辨融）。生於武宗正德三年（一五〇六），卒於萬曆十二年（一五八四），享年七十九歲。四川順慶府營山縣人，俗姓鮮或言線，名不詳。父母雙亡後，年約三十二時（約嘉靖十七年），出家於營山縣雲華山，禮可和尚為師。之後行腳各地，遍歷諸講席。往洪州（江西南昌縣），葺馬祖庵，掩關數載，證得華嚴三昧。

復捨庵入京師住龍華寺，遇通秀大師講解《華嚴經》；聽至「若人欲識佛境界，當淨其心如虛空」，忽然頓悟，自此深入華嚴法界，融通三昧，心念口演，不離此經。復隱於匡山（廬山）二十餘年。

遍融入京前雖久居廬山，但其德名已逐日遠播。某日辭山入京，居東城北居賢坊柏林寺，於此檢閱大藏，面壁禪坐，長達九年；「一衲一龕，脅不至席，九年於斯，面壁少林，不是過也。」後徙入城北法通寺。真可「萬曆元年，北遊燕京……參遍老於法通寺」，就是在此時期。
隆慶年間，因某僧觸怒太宰（吏部尚書）高拱，遍融被牽連入獄；後因太嶽張公（張居正）的上奏而獲免。出獄後隱居京城西隅之穀積山；太監楊用奉慈聖皇太后之命令，自穀積山營請遍融入居城北內十剎海（世剎海），賜與帑紫、衣寶幡、龍藏。

萬曆九年（一五八一），慈聖皇太后為其營建大千佛寺；寺成，即請師居之。往生前三日示疾，默然坐無言，至九日告眾曰：「生死尋常，惟戒力熏修者得大自在。我既去矣，爾等勉旃。」遂稱佛名面西而逝。世壽七十九，僧臘四十有八。

遍融雖是一代高僧，但其法嗣未詳，求其語錄亦無著落。雲棲袾宏曾記述：「融師一味實心實行，無著述傳世。」所以遍融應無語錄或相關著述傳世。師深究華嚴之學，為明代的華嚴宗師。

註六：笑岩德寶禪師（一五一二至一五八一）出生於金臺錦衣望族，原名月心，法名德寶，自號笑岩。二十二歲時在河南廣慧院剃度出家，受戒之後雲遊四方，隨緣開化眾生，沒有固定的居所。他曾「歷參南北知識三十餘人」，得到很多教益。

後因寶峰和尚指點，至湖北隨州關子嶺龍泉寺參無聞明聰禪師，初蒙啟發。後接無聞明聰禪師之法嗣，是禪宗臨濟宗第三十三代祖的高僧，清朝後尊稱為「笑祖」或「寶祖」。

笑岩在當時頗有聲譽，影響很大；乃至明朝中葉以後，「凡讀禪宗，必稱笑岩」。他門下的弟子很多，許多高僧都曾向笑岩問道。由於笑岩的大力弘揚，臨濟宗風在有明一代十分盛行。

笑岩晚年退居北京柳巷，明神宗萬曆九年（一五八一）正月十九日，圓寂於北京，壽年七十一，僧臘四十八。生前有《月心語錄》四卷（又稱《笑岩集》）、《沙彌成範》二卷行世。

註七：傅光宅，山東東昌府聊城縣人，生於嘉靖二十六年（一五四七），字伯俊，別號金沙居士，為紫柏大師弟子信徒中少有之北方人。明萬曆五年（一五七七）進士。

傅光宅為人剛直不阿、俠肝義膽，平生好雅游，喜歡結交文人義士。他為官一方，堪稱能吏；不僅善於為政，更勇於為民請命。萬曆三十二年（一六〇四）卒，年五十六歲。

傅光宅文武全才，為官正直，精於詩文，醉心佛法，其一生所作詩文頗多。在吳縣結識紫柏大師，受其影響頗深；日後，對於真可的佛教復興工作，不論是在寺院的興修或經藏的刊刻上，都給予很大的幫助。

註八：管志道（一五三六至一六〇八），字登之，號東溟，學者稱東溟先生，蘇州太倉人。

東溟出生於陽明學盛行的嘉靖年間，活躍於萬曆年間，陽明第一代弟子之後，思想學風自由，三教密切融合，旁通佛道，在黃宗義的《明儒學案》中被列入「泰州學派」。

管志道讀了《楞嚴經》之後，眼界大開，使他從陽明學、禪學的學脈轉入佛法義學的廣大教理。中年以後，長期護持佛教，成為江南一帶佛教界著名的護法居士，與晚明佛教界互動頻密。

他曾長住北京西山碧雲寺，研閱《華嚴經・世主妙嚴品》與《楞嚴經》，悟出《周易》乾元用九之義，反觀身心，渾同太虛照見古今，聖賢出世經世、乘願乘力、與時變化之妙用。不以過去心學、禪學的悟境為足，更重視入世篤行、勤修陰騭。

他作有〈護法篇〉，主張儒釋並行。以佛法有內、外兩護，內護就是佛教自身的所謂「正法眼藏」；外護就是儒家護教者，名曰「佛法金湯」，以外護內，如金城湯池不可破。他進一步盼望信眾勇於擔任佛教的「護法金湯」，認為真正的護佛金湯，需兼具三條件：一是德行要密大，二是願力必堅，三是佛教知見務正。其所舉之護佛金湯三關——德行、願力、知見，是頗富啟發性的。

註九：陸光祖（一五二一至一五九七），字與繩，別號五臺，浙江平湖人。嘉靖二十六年（一五四七）進士，在明末官場沉浮四十年。為人耿介有骨氣，見識高明，通曉朝廷典制；每當議論大政方針，他每每一言確中要害。不攀迎權貴，處事唯以是非論斷，政績卓著，是明末少數具有魄力的官吏。

《居士傳》記載，陸五臺為政胸懷忠直，力持清議，凡與他相處過的人，無不心悅誠服，卻也因此招來其他大臣的忌恨排擊，多次請退家居。家居期間，他用心研究佛法，發願弘護佛教，不以毀譽而有所改變。

萬曆三年，陸光祖任大理寺卿，與真可相識於嘉禾，二人心意大相契合，僧俗之間從此成為莫逆。萬曆七年，真可、幻余等議刻方冊藏，由於陸光祖及其他居士的贊佐，使得刻藏事業順利進行。他還熱衷於捐助修建寺廟，並贊助真可復興楞嚴寺、積慶庵與華嚴庵等寺院。晚年還發起募捐、組識刊刻宋僧普濟的《五燈會元》。

萬曆二十五年（一五九七），陸光祖病重，左手堅持持印；於命終時，眉宇氣色澄明，沒有老病之累；「陽陽如平時，左手握心印，經句不解。」生死關頭，一如平時，不驚不恐，毫不在意，十幾天原樣不變。紫柏大師見此景，讚歎他「心力堅猛」，這也正是其「一生心力精堅之明驗」。

# 第四章　發願重刻大藏經

但恐辨心不真，真則何慮無成？且堂堂大明，反不若宋元之盛哉！……老漢雖不敏，敢為刻藏之旗鼓。

萬曆七年（西元一五七九年），真可離開嵩山少林寺之後，往南到了清風涇（即楓涇古鎮，在今浙江嘉善縣東北二十四里），在此駐錫。此地距離大雲寺（嘉善縣大雲鎮）很近，當時的禪門耆宿白眉長者雲谷禪師亦在此駐錫。

## 發願刻印方冊大藏經

早在隆慶六年（一五七二），真可曾與禮部尚書陸樹聲、中書徐思庵一同參見雲谷禪師（註一），請示《華嚴經》的宗旨要義，禪師便為他們發揮「四法界」

（事法界、理法界、理事無礙法界、事事無礙法界）的圓融妙義；這次聽說雲谷禪師在大雲寺駐錫，於是就前往拜訪。

幻余法本（註二）為雲谷禪師的侍者，剛好也在寺中；這一相遇，便與真可談起了刻印方冊大藏的事。

法本認為非有三萬兩銀子不能完成；自揣力量薄弱，恐無法募到這筆錢。法本感慨地說：「眾生視錢財為性命，哪是容易化緣得到呢？即使像父母、兄弟、夫妻之間，也會因為錢財而爭吵不悅，這是人之常情。出家方外之人，一開口向他們乞討視如性命的錢財，有誰會心甘情願地交給你呢？」

真可聽了，卻回答說：「你看不出真正重要的事嗎？募刻藏經的事，只怕辦事的人心地不夠真誠；若是心地真誠，又何必擔心事情辦不成呢？我堂堂大明，反倒不如宋、元興盛嗎？宋版藏經亦有刻印的，而元版的藏經比宋朝更多，約有十多套。你要趕快籌謀募刻藏經之事，不要再退縮了！我老漢的能力雖然不夠，仍願意為發起重刻大藏經扛旗擊鼓！」

真可鼓勵法本發願完成此事，也允諸願意總其事，負擔刻藏之責。重刻藏經一事，便在大雲寺中定了下來。

為何幻余法本會提出重刻藏經之事呢？其實，最早倡議刻藏的是袁了凡居士。(註二)早在萬曆元年（一五七三），袁了凡在嘉善縣城東門的大勝寺（塔院）習靜時，有鑑於當時佛法未能廣傳於士大夫學子之間，致使佛教之說常受世儒質疑，他因此認為，有識之士若能早早習誦佛書，自能理解佛教之言。就與法本（幻余）私議：

釋迦雖往，法藏猶存；特以梵筴重大，流傳未廣。誠得易以書板梓而行之，使處處流通，人人誦習，孰邪孰正，人自能辨之，而正法將大振矣！

法本亦談到：「欲將梵典翻為方冊，俾家傳人誦，拔邪見。」袁了凡很早就發覺到重新刻藏的重要，並感慨大藏經梵筴裝的折本，體大笨重、不易流傳，於是向一同習禪的幻余法本禪師談起他的想法，倡議將梵筴本藏經翻刻為方冊本，以廣為流傳，這項提議也得到了幻余法本的認同。

雖然法本贊同袁了凡的想法，但自感人微言輕，刻藏工作的難度極大，「不能圖之」，因此沒有付諸行動。但法本對此事一直耿耿於懷；直到與真可相遇於大雲寺，才舊事重提；沒想到，真可與袁了凡、法本的想法不謀而合，遂鼓勵法本敢為人先，知難而上，且堅定地表示自己「敢為刻藏之旗鼓」。

## 密藏道開承擔刻經重任

密藏道開，法名道開，號密藏，江西南昌人，有關他的生卒時間皆不詳。在遇到真可之前，曾是儒生；他聰明過人，遍覽群籍，又學習過道家長生之術，修習有所成就，因此相當自負。後棄儒道出家，剃度於南海補陀。

萬曆十年（一五八二），紫柏真可已譽滿叢林；道開因仰慕真可之風，而前往浙江檇李（古地名，在今浙江省嘉興西南）參訪。

初次見面時，道開自恃高傲，博通佛理，引經據典，談古論今，口若懸河，滔滔不絕的論性說命，真可卻置若罔聞，根本不答腔。如此三天三夜不絕，最後真可看他機鋒已用盡了，才開口說：「我以為你是一個曠世奇男子，怎麼卻口含著沸水噴我三天三夜！」

這話當頭棒喝，道開聽了驚嚇得汗流浹背，連忙跪下叩頭，羞愧交加，深為折服；過往學習過的一些惡知惡見，見了尊者之後，只是在一瞻一禮間，隨之消失。因此投在真可門下，自願隨身承侍、納受教誨。

真可知曉道開是佛門的龍象法器，所以非常器重他，留下為侍者。道開從此追隨真可座下二十年，成為真可畢生中最倚重的弟子；後來的法門大事諸如：復楞嚴寺、刻大藏、復化城（寺）之事，都交託給道開負責。

在見真可之前，萬曆十年，道開經過浙江紹興時，看見古寺殘碑，記載著元朝時的會稽郡有七套大藏經的刻板，而當代明朝僅有永樂南、北藏兩種刻板流通，遂感嘆佛法竟衰敗到這種地步，因此發願：「畢此生身命，募刻方冊版廣做流通！」等到見了真可之後，才知道真可、馮開之（註四）等人早同有刻經之願並已進行討論；一群人志同道合，乃相約促成其事。

由以上敘述的過程可知，刻藏事業的建議，以及版式改革為方冊，最早的發願刻藏倡議者就是袁了凡，袁了凡又影響了幻余；雖得到幻余法本的贊同，但是並未立即從事；幻余與袁了凡又與真可商議，並得到認同。由提議到轉化為行動，真可的支持可說是引發了關鍵性的作用。

此時，真可已是叢林中公認的後起之秀，身邊擁有大批信眾，由他發起、組織藏經刻印事宜，不僅使法本等人克服了畏難的情緒，增加了刻藏信心，而且很快得到了社會回應。

真可登高一呼，有很多人願意追隨，加上原已發願刻藏而來皈投真可的密藏道開加入之後，因緣際會。於是，真可、法本、道開、袁了凡、馮開之等人便定下了刻藏之盟，刻經的志業由此展開，開創了近世佛教史上的一件文化大業。

在真可等人發起方冊藏刊刻之前，明代官刻的漢文大藏經前後共有《南藏》二刻及《北藏》一刻，此外尚有明代中葉私刻於浙江的《武林藏》。（註五）

既然明代大藏經前後有四種版本的刻印，又加上還有一些宋元遺留的刻本，明末為何還需要再重刻大藏經呢？真可在〈刻藏緣起〉中就明白指出重刻藏經的緣由——

宋元刻板多已散佚；明代雖有《南》、《北》二藏，但當時南都（南京）的《南藏》經板，從明初印到萬曆年間，因多次刷印，已嚴重腐朽損壞，所印經文已模糊不清，幾乎不能閱讀。而《北藏》板（燕京板）雖然比較精審完整，但深藏大內宮中，難以一見，請印不易。此外，梵筴本印造成本昂貴，難以普及。

所謂「梵筴（夾）裝」，源自於古印度用梵文書寫的貝葉經。最初的梵筴裝是用於裝訂已刻寫經文的貝多羅樹葉，其過程是依次將貝葉經摞好，在其上、下各夾配一塊與貝葉經大小相同的竹片或木板，並在夾板中段打兩個圓洞，用繩索兩端分別穿入洞內，將繩索勒緊結扣，一部梵筴裝書籍便裝幀完成。中國書籍原沒有梵筴裝，但梵經翻譯之後，特別是譯成中國的少數民族語文之後，例如藏文、蒙文藏經，其用紙張書寫或雕印的經葉，也有仿效貝葉經裝幀的。

這種梵筴本的藏經，印造昂貴，在用紙上比方冊藏多出百分之五十以上；加上前後的硬板封面，重量是方冊藏的兩倍以上，體積大且笨重，攜帶不便，流通困難。所以，真可認為，若要讓佛經印造方便、廣為傳布，改梵筴本為方冊本（中國式的線裝書），是必要的方式。

捨棄傳統的「梵筴本」而改用「方冊本」方式，對佛典來說是一重大革新；起初道開曾經反對，真可卻頗為堅持。道開認為，將梵筴改為方冊的作法，有失佛經的尊重莊嚴，對法寶有不敬的疑慮；真可就開導他：金玉雖然比較貴重，但不能滋養生命；米麥雖不如金玉的貴重，但可以養活人命。梵筴雖然比較尊重莊嚴，但不了解其內容義理的話，恭敬尊重又有何利益呢？而且：

不若易梵筴為方冊，則印造之者價不高，而書不重。價不高，則易印造；書不重，則易廣布。縱經世亂，必焚毀不盡，使法寶常存，慧命堅固。

簡言之，印為方冊，佛經出版成本便能降低，而且體積重量輕便，便於攜帶與流通。若是遇到天災或戰亂發生，因為數量多就不容易被破壞殆盡，如此便能續佛慧命、使法寶長存。

可見，在當時的佛教界裡，大藏經的裝訂風氣，仍然盛行梵筴本方式。一般的看法是，梵筴本典雅莊重，較能顯出佛教徒對法寶的敬意；如果用線裝的方冊本，則易令人感到不夠莊重。因此，以方冊易梵筴的想法，一開始就受到質疑，甚至很多人反對。真可則排除眾人異議，仍堅持以方冊方式裝訂藏經；他認為，尊重與輕賤只在翻覆手掌之間而已。所以，這一重大變革，不能不歸功於真可的決策。

道開經過真可勸導之後，才同意此舉，並在真可面前泣涕俱下，跪著發誓：

> 謹奉和尚命，若有人舍三萬金刻此藏板者，道開願以頭目腦髓供養是人。自今而後，藏板不完，開心不死。

真可便命道開負責開雕方冊藏的事宜，道開承接下了整個工作。

萬曆十二年，袁了凡於嘉禾楞嚴寺遇道開，共同籌畫，頗有次第。袁了凡起草籌募刻藏緣起文，並向陸五臺先生請益；後來又有馮夢禎、瞿汝稷、王肯堂（註六）諸兄弟，共同竭力籌謀策畫，萬事因緣和合具足。

## 嘉興楞嚴寺的興復

除了大藏經的刊刻外，真可對於中國佛教另一大貢獻為寺院的興復。當真可與眾人訂下刻藏之盟後，與此同時進行的即是興復浙西名剎——嘉興楞嚴寺，此為真可所重興的第一所寺院。

楞嚴講寺舊稱「楞嚴院」，宋嘉佑八年（一〇六三），檀越鈕咸捨地創建。熙寧年間，永智法師在寺講《楞嚴經》，有瑞雲出現，蔡丞相書「楞嚴」二字送於寺，遂以楞嚴為名。

楞嚴寺曾經是北宋華嚴宗六祖楞嚴大師長水尊者（子璿）（九六五至一〇三八）註疏經典的所在，真可曾讚曰：「長水疏經，為百世心宗之祖。」

元末兵亂，楞嚴寺毀。洪武初年，僧善修重建。嘉靖四十年（一五六一）時，因為倭寇侵犯浙西，楞嚴寺再次被毀，隨後被陳侯等富豪占據為園林，嘉靖四十三年（一五六四）又被退休的吏部尚書吳鵬占為私有，原本清修的佛寺變成了放縱享樂之地。到了萬曆年間，嘉湖備兵官員張恭知介入，贖回寺址，再輾轉將該地歸還僧人。

真可一生多次到過嘉興；萬曆十二年（一五八四），他又到了浙江嘉興，參訪楞嚴寺。見到往昔的佛教聖地變成亭臺樓閣，非常感慨；在感慨的同時，真可也產生了興復楞嚴寺的想法。

真可是一個敢於擔當、雷厲風行的人，說到就做到。真可此時的名聲已經傳遍江浙一帶；聽說他要恢復楞嚴寺，很多江南仕紳紛紛響應，願意出資贊助。於是，真可囑託陸光祖、馮開之、包檉芳（即嘉禾包學憲瑞溪公）等居士為外護，委託弟子密藏道開、鶴林蕖等主持修復楞嚴寺。

萬曆十二年七月開始動工興建方丈禪堂。次年二月，禪堂、齋廚也竣工。

請真可題對楹聯，他即席為聯語曰：

若不究心，坐禪徒增業苦；

如能護念，罵佛猶益真修。

真可認為，為了表明興復楞嚴的願力，應當用鮮血將對聯書寫上去。於是，他用錐子刺破手臂，將血流滿一碗，提筆蘸血，書寫對聯於禪堂柱上，以此表達振興佛教的志願。

此後，這裡成為廣納各地雲水僧或居士往返的所在。萬曆十五年（一五八七）時，慈聖皇太后賜觀音大士畫像一軸、紫衣袈裟一領；二十年（一五九二）頒賜《永樂北藏》和續入藏經，永久典藏楞嚴講寺。道開曾親訂〈楞嚴寺規約〉與〈楞嚴寺禪堂規約〉，嚴格規定寺僧的生活，以清除叢林腐敗的形象。

然而，楞嚴寺主要的佛殿並未興復，資金也短缺，於是真可作〈楞嚴寺五十三參長生殿緣起〉及〈重建嘉興楞嚴寺佛殿疏〉疏文籌資重建經費，以宣導長生殿與正殿的籌建。

吳鵬後人吳惟貞見楞嚴寺廢址被祖父輩租佃；雖有官府文告為憑，但這樣做對信佛者來說是有罪過的。因此，當真可決意興復楞嚴寺時，吳惟貞就捨地八畝，「以廣般若之幅」，也好「為吳氏先人懺罪」。

雖然有真可的宣導與諸法侶的護持，但事情進行得並不順利；因為，當初和侵占寺產的陳侯並沒有達成真正的協議，陳侯是迫於眾人的壓力而離開，卻沒有就此放棄。就在禪堂落成、大殿勸募工作積極展開的同時，陳侯上訴官府，使得大殿興建的工程不得不停止。楞嚴寺興復的工作也在萬曆十三年中斷了。

明末的訴訟曠日廢時，楞嚴寺寺產的官司一直遲遲沒有解決。在纏訟二十多年後，萬曆三十三年（一六〇五）左右，楞嚴寺在當時的太守蔡懷亭主持下，終於完全興復，恢復了原貌。這都是在真可宏大的願力攝持之下才得以完成。

嘉興楞嚴寺是真可復興的第一座佛教寺院，開啟了他一生復興寺院的活動。此外，真可興復的寺院還包括雲居寺、寂照庵、積慶寺、鄧尉聖恩寺、聖壽寺、歸宗寺、徑山寺、隆興寺、楞伽山寺、資福庵、華山寺、天池寺、華嚴庵、化成寺等，共計十五所。

其中，楞嚴寺日後為《嘉興藏》刊刻請購之處，對於佛教的傳播有極大貢獻。至於雲居寺的興復，因此地為中國歷代石經刊刻的地方，真可又在此發現佛舍利，意義重大。

真可在復寺時，除了要面臨資金籌措的困難外，還要處理許多寺產為強豪所占、官司纏訟的問題，可見復寺的艱辛與困難。資金的勸募，除了有江南宰官居士的贊助外，多是採取廣募的，和他廣募大藏經刊刻的費用採取相同方式。

除了《嘉興藏》的刊刻與寺院的復興外，真可投入的佛教志業還包括：募寫刊刻佛影道像、募化供佛油、飯僧資的勸化，其他佛典如《金剛經白文》、《智證傳》、《應庵和尚語錄》、《石門文字禪》的刊刻等。

## 返吳門度明覺

萬曆十年（一五八二），由於真可在嘉興與法本、道開等人刻印方冊藏之盟約已定，於是順道返回吳門，探望剃度師父明覺。到了虎丘雲岩禪寺，才聽說明覺已經還俗，行醫於吳會了。真可得聞後，一心要度脫他回佛門再出家。

明覺晚上吃飯時，不小心飯碗掉地破裂；此或許為真可誠心所感之事前預兆。明覺也聽說真可回來了，不敢面對他，所以刻意隱匿行蹤；真可多方採訪，毫無消息。

於是，真可祕密使人探訪他的蹤跡，然後偽裝成商人，裝病躺在小船中，請明覺來船上診治。

明覺在舟中一見到真可，相當震驚；而真可熱淚盈眶，傷心地說：「究竟是什麼因緣使您還俗、糊塗到如此地步呢？今後您打算如何？」明覺說：「一切都聽從大師的。」

真可立刻為明覺剃髮，重披袈裟，就請船夫一同載回。明覺心中有愧，以弟子之禮師事真可；兩人的關係，便處於亦師亦友之間。

真可初次經過蘇州吳江縣，結識沈令譽、沈令行、沈令謨等，以及周祖、周祝、周祇等，便與沈、周二家族結緣說法，結果全族悉皆歸依真可。後又到了曲阿（江蘇省丹陽市），結識賀學易、賀學仁、賀學禮等及孫氏全族，還有金沙（金壇）名門望族于玉立、于玉德、于士鰲、于玉嗚兄弟等及王氏全族，亦都歸依禮敬。真可初往來於金沙、曲阿之間，特別與于玉立、王肯堂、賀氏諸為君子有很深的夙世因緣。

這些在江南地方擁有學識能力、政治勢力、家族聲望和財力的士人家族或士大夫家族，或是地方仕紳或鄉紳，對於後來五臺山藏經開刻的經費資助，多能傾其家族財力積極助刻；由於諸多家族的鼎力襄助，使後來《嘉興藏》刊刻能夠由五臺山延續到南方。

萬曆十四年（一五八六），真可在于園中（瓜洲，即在今江蘇揚州市邗江區南，臨長江，為富人于五所建築的園林）墨光亭抄寫《法華經》，以報答父母養育之恩德。

## 東海牢山會憨山

萬曆十四年（一五八六），真可刻印方冊藏之議已經確定。此時，他聽說妙峰在山西寧武蘆芽山建鐵塔。

妙峰（一五四〇至一六一二），名福登，俗姓續，別號妙峰，山西平陽人。為晚明禪僧，與憨山友善，對振興晚明佛教，尤其是五臺山佛教頗多貢獻。李太后派人於蘆芽山中敕建華嚴寺，在山頂建造高七層的萬佛鐵塔（一般的鐵塔為為藏經之所）。

真可在塔落成之後，曾前往造訪妙峰，將手書的《法華經》與《楞嚴經》安置於鐵塔中，並與妙峰討論刻藏的事情；結束後就返回京城，決定造訪現居東海的憨山德清。時間是萬曆十四年秋天七月。

妙峰與憨山原本皆居於山西五臺山（註七），為何兩人又都離開了五臺山呢？緣起是在萬曆五年（一五七七），兩人在五臺山刺血各書《華嚴經》一部；待完成之時，妙峰打算籌辦無遮大會（無論男女、貧富、僧俗皆能參與之法施大會）。萬曆九年（一五八一），神宗生母慈聖皇太后為超薦先帝，派人來五臺山修塔寺；竣工後，又祈請五臺僧人籌建為神宗祈嗣之法會。在此之前，憨山等五臺僧人已準備建無遮法會；德清聞知太后旨意後，遂決定將已經籌辦的無遮法會改為祈嗣法會。此舉遭到一些人的反對，但他堅持己見。妙峰與憨山便啟建無遮大會一百二十日，並將此一切功德轉為祈求皇儲。

由於憨山的努力，祈嗣法會辦得非常成功；萬曆十年（一五八三），皇儲果真誕生——王才人生下朱常洛（光宗），妙峰與憨山也因祈嗣之事而聲名大噪。

然而，他們以「大名之下，不可久居」；萬曆十年，二人約定一同下山隱遁。隔年，憨山遠避東海牢山（即山東嶗山）的那羅延窟，妙峰則就近潛隱在山西寧武的蘆芽山。

萬曆十四年，慈聖皇太后為了神宗的聖體安康，及祈求國運昌隆，刊印大藏經十五部，神宗皇上敕頒藏經，散施於天下名山，敕令僧人諷誦藏經。首先以四部置四邊境，即東海牢山、南海普陀、西蜀峨眉、北疆蘆芽。李太后派人送藏經到東海牢山，憨山因事先不知，以致藏經送到時無處安置，地方撫臺等官吏便先供奉起來；憨山見有敕命，只得入京謝恩。

萬曆十四年（一五八六）初，真可就收到憨山邀請他至牢山一敘的信函。在牢山之會以前，真可與憨山兩人互相欽慕已久，在隆慶元年（一五六七）就已經有書信的往來，但一直沒有機緣見面。七月，真可在京城，為了刻印方冊藏之事，攜弟子道開等人偕同赴牢山拜訪憨山。

他們先走海路，到了膠西（山東省青島市膠州市）改行陸路。因秋季河水高漲，河水又急又深，真可一行人被河水阻攔。這時，眾人都認為無法渡河了，真可卻挽起衣褲、脫去外衣渡河；當水淹沒至肩時，眾弟子齊呼，他仍不顧一切向前進。到了岸上後，他對弟子說：

「面對生死關頭，要有勇往直前的氣概！如果你害怕危險，就會被危險打倒，便過不了關。一往直前、毫無顧慮，才衝得破難關；直捷穿過，也就到對岸了！」

看見真可展現的氣魄，隨行弟子聽其開示，個個心服口服。

當時憨山正因太后賜大藏經一事，前往京城謝恩。當他從于玉立處得知真可已動身東往，算算日期，應該已經到了山東即墨了，便整裝日夜兼程趕回牢山。真可一行人風塵僕僕地上山，結果撲了空，一行人又急急下山，晚上在即墨落腳，準備次日早上趕回京城。這個晚上，憨山已趕到了即墨；終於，兩人相會於牢山山下的即墨城中。真可與憨山終於見面，不禁同時大笑了起來！

次日，憨山邀真可再入山，真可一行人在牢山停留了十多天。

兩位高僧初次相見，大有相見恨晚之感慨，彼此心心相契，從此相約為生平之交，互認對方為知己。這次會面交談的主題，便是刻印方冊藏的千古大業，憨山也承諾護持方冊大藏之事，並與真可訂下盟約。

離別時，真可深覺依依不捨，寫下一首〈留別憨公〉：

大道久荒涼，離歌東海旁；行蹤將萬里，津濟正微茫。
白日肝腸苦，青山骨肉香；相逢即相別，揮淚欲沾裳。

詩中將兩人會晤的短暫、以及依依不捨的深情表露無遺。關於兩位當代大師初次會晤的情形，憨山的弟子福徵在《憨山大師年譜疏》中認為，兩師在晤面之前，已經相互欽仰許久：

憨祖自別妙峰，所稱法門深契，無如達觀。積歲相思，千里命駕，見面鍼鋒，比日相對。……牢山一見，誼足千古矣。

這十餘天的會晤，奠定了憨山與真可深厚的情誼。嗣後，道開曾再赴牢山向憨山請益，也有書信的往來，向憨山報告刻藏工作進行的情形。萬曆十八年（一五九〇），憨山也撰文勸募刻藏，並稱刻藏乃「震旦第一稀有之勝事」，藉以響應刻經盛舉。

憨山認為，方冊藏經刊刻的發起行為，不是乞求外界的援助、只為達成刻藏的目的；而是面對佛教存亡、內憂外患之處境，力圖復興佛教，進而救拔眾生，以法界為身心而還復法界。刻藏參與者，有著超遠宏大的格局氣度，繼而闡述此刻藏的無盡功德，直使人人見佛、物物明心。

## 籌募刻藏資金

真可、道開等人的初步估計，刻藏的全部費用當時約須三萬兩銀子左右。這一筆龐大的數目，除了參與發願者長年的捐資外，其他籌措方式就是對外募捐。

籌款的募捐方式，有兩種不同的主張。一種是真可主張的「廣募」，廣泛發動各界信眾參與捐資；二是于玉立主張的「重點集資」，找少數吳中（江蘇吳縣附近一帶）法侶，相互結盟以募集刻藏資金。這一帶是于玉立所熟悉的地區，在這地區的佛教法侶中由少數人出資促成，便不用到處廣募；如果順利，所需資金可以很快完成，而不致拖延。

但真可主張廣募，願廣結善緣，讓見聞者隨緣捐贈，使眾生共成善法。這種方法比較費時間，變數多而無法掌控；但這是傳統佛教界「功德讓眾生共同成就」的平等布施理念，「廣募」比較符合佛家之布施精神。

由於真可是刻藏事業的領導代表人物，也是于玉立的皈依師父；因此，最後決定以「廣募」的方式籌措資金。

然而，晚明經濟凋敝，善款籌募實為極大問題。私刻藏經費用多以社會籌集、民間捐獻為主，廣募涉及面廣，千頭萬緒，實施起來並不容易。從一開始道開與真可、馮開之居士，共同訂盟從事，卻「遑遑三載，莫得其緒」。從萬曆十年到十四年這數年中，道開頻繁奔波於各地，但所獲甚微。

萬曆十四年（一五八六），真可與道開、于玉立二人同入京城，為刻藏之事竭力奔走。

神宗生母慈聖皇太后（孝定李太后）篤信佛教，知道將有刻藏之舉，想用國庫中的公款來資助其事；但是真可並未接受，而婉拒說：「宜令率土沾恩。」冀望更多人潤沐佛法，應讓全國民眾共同出資經營。

十四年春，道開赴長安，與傅光宅等居士商議資金籌措辦法：

乃定以善信十人，歲各捐資為「唱緣」，又一人則各勸三人為「助緣」。蓋分之既易為施、易為勸，而合之則其資甚裕，又其功為有繼。

諸居士願力持之，並以此為定則。確定由十位有一定社會影響的善信為核心，他們發願每年捐出一定資金供刻經之用，稱為「唱緣」；然後，每人再分頭勸募三人捐募，作為助緣。每一位唱緣與助緣各捐出百兩銀子，這樣合起來先籌備了一千兩銀子供藏經刻印之用。

第一批施資人和募資者，即所謂的「十善信」，包括瞿汝稷、曾乾亨、傅光宅、唐文獻、曾鳳儀、徐琰、于玉立、吳惟明、王宇泰、袁了凡等十位「善信」。萬曆十五年（一五八七）元宵節，道開約眾居士齊聚於燕京龍華寺，請他們每人都撰寫一篇〈刻藏發願文〉，在佛像前結盟，請諸佛為盟約作證，誓願完成刻藏大業。

十善士的刻藏願文，都呼應刻藏流通之議為要。藉由流通經藏、闡揚文字般若，以圖挽救當時「法道陵夷」的佛教頹勢，為其共同刻藏的目標。道開則發願：

> 開籍十大士深心弘願，得畢竟是事，以報佛恩。即碎頭目髓腦作栴檀香，充遍法界，以供十大士猶為未盡，願與十大士共證之。

道開為了報答其他十位參與盟誓的友人，居然願意「碎頭目髓腦作栴檀香」以供養十位盟友；可以想見，刊刻大藏經已經不是單純的出版事業，而是為眾生、為法界獻身的道義行為。他們特別為此事結盟，以三世諸佛作證盟，行動慎重而莊嚴，具有強烈的為法捨身之宗教情操。

萬曆十二年（一五八四）元旦，陸五臺撰寫〈募刻書冊大藏經緣起序〉，進行募款。十四年至二十二年（一五八六至一五九四）年間，為了勸募刻藏資金，眾人陸陸續續地各自撰寫勸募的文字，僧眾有真可、道開，法本、憨山，居士有馮夢禎、管志道、王世貞、傅光宅、陳瓚、徐琰、曾乾亨、張壽朋、于玉立、沈自邠、汪道昆、虞淳熙、樂晉、瞿汝稷、王肯堂等贊同此事的顯宦名流，分別撰寫募化資金、創刻方冊大藏的勸化文章響應，呼籲及鼓勵社會各界共襄盛舉。從參與的僧人到居士，都是當時名噪一時之輩，其影響遍及士人與百姓；有眾多地方士紳及各階層人士布施錢財，方能成就如此龐大的出版事業。後合刊這些勸募文字成《明徑山方冊本刻藏緣起》。

## 於五臺山妙德庵開刻藏經

自訂盟從事刻藏大業之後，最先監督及管理其事的核心人物是密藏道開；他除了要負責嘉興楞嚴寺的興建外，還要籌備刻經的工作。

為了選擇刻藏的場所，道開周歷江浙諸山，往返三吳兩浙之間，在藏經刻印地點的選擇上頗費周章。

萬曆十一到十二年間，道開遍訪江浙諸地，尋找合適的刻經之處；當時，天目、雙徑、棲霞諸大道場的僧眾均願提供場所。萬曆十四年，幻余法本受命於真可，尋找合適的刻藏場所；四處奔波，耗時兩年仍未果。在選擇刻經場所的初期，曾經遇到過不小的困難；雖經長時間尋覓諸大道場，仍無法決定。

到了萬曆十六年（一五八八）元旦，道開在五臺山，於釋迦如來尊像前，向文殊、遍吉（普賢）兩大士及諸護法善神，問卜刻經的適當地點，以四大名山：清涼、雙徑、牢盛（嶗山）、靈巖問卜；結果，「三舉三得清涼」。至此，前後四年的尋覓終於有了著落，最終經場留在五臺山。

其中還有一大因緣：剛好有一位高僧捨其僧舍，成就經場。萬曆十六年冬，道開與江南居士馮夢禎會於武康石城山（今屬浙江湖州）；道開親口對馮氏說，五臺山紫霞谷妙德庵有位無邊大師，施捨其道場，用於刻經。所以，五臺經場最後定在妙德庵。其位於五臺山的中臺和北臺的山腳下，具體位置在北臺南麓紫霞谷、今臺懷鎮北八公里處；始建於北魏，明代高僧憨山德清在此禪悟，留有不少故事。

清涼山妙德庵成為開刻方冊藏經的處所，藉四大名山之首五臺山，端賴文殊道場之聖名，於此刻經可：

假文殊所臨之地，以紹文殊所傳之心；延文殊所承之法，以化文殊所愍之眾。

經過四年辛苦的準備與籌畫，萬曆十七年（一五八九），終於正式開刻方冊大藏經。

第一位施資人是與真可關係密切的傅光宅；首刻第一部經，則是真可甚為推崇之唐代華嚴學者、「棗柏居士」李通玄所作的一百二十卷《華嚴經合論》。其後有四十卷本與八十卷本的《華嚴經》，以及《國清百錄》、《禪林寶訓》、《八識規矩頌》等典籍的刻印，這些典籍均為真可所推崇。

五臺山時期的藏經刻印，由道開總理其事，幻余法本輔佐。道開從開始籌畫、資金籌措、撰文募款、刻藏道場的選擇，訂立版式直到開板、校讎、出版、貯藏等工作中，都親躬其事。真可是刻藏工作的精神領袖，真正執行者則是道開；他背負著刻藏的使命，所付出的心血、氣力及工作的繁重，一路下來是相當艱辛的。

萬曆十七年到二十年（一五八九至一五九二），約四年時間，在道開統籌刻藏事務下，開始大藏經初期的開刻工程。當時有八位書寫者，將近九十餘位刻工，「僧伽百餘，或團圞坐冰雪堆中」，山僧遠途跋涉數千里，人員南北雲集於清涼山；道開則是「叢林上下，百責萃身，自朝至暮，略無暇刻」。刻藏之艱辛偉業，不是一般人所能思議的。

為了刊刻《藏經》，對書籍的校勘會訂出嚴格之規範。萬曆十二年時，便由管志道撰寫〈檢經會約〉，訂出校經凡例，以為校刊的標準，是最初的刻藏規範。十四年時，道開制定藏經〈定制校訛書法〉以補前文不足；此後又有〈刻藏規則〉、〈刻藏凡例〉等條文修訂，為藏經的開雕做好準備。

刻經組織規模弘大，依照〈檢經會約〉，嚴格的版本校對，校勘嚴謹；雖有不同的書寫、刻工者，但對於雕刻的字體則訂出統一的規範。所訂〈檢經會約〉、〈刻藏凡例〉和〈刻藏規則〉詳實具體，易於實行。

凡例規定以《北藏》為底本，以南、北、宋、元四藏始對其文，再校其義，並行抽對、覆校，付眾裁奪。書樣出後再校，雕板告成後再行復校。藏經編排體例以經、律、論、西土聖賢撰集、中國高僧著述編次。

在五臺山時期刻藏的經典數量，據後世學者之研究各有出入，自五二〇餘至六〇一卷不等。為什麼產生了這樣統計上的差異呢？

據研究，應該是因為《嘉興藏》跟其他大藏不同的重要特點之一，就是幾乎每一卷卷尾都有刊刻題記，此題記中詳細地說明了本卷的刊刻時間、地點及施資人等信息，而對於刊刻地的統計就基於這種信息；若做了補版，這些信息便為之更改，這也就是統計數字之所以產生差異的緣故。

## 經場南遷至浙江徑山

此次五臺山開刻經藏為僧俗共同舉事的浩大工程，起初開創於五臺山妙德庵。四年後，因五臺山氣候「冰雪苦寒」，遂移至浙江徑山的寂照庵，以嘉興楞嚴寺作為收藏刻板及印刷流通的所在。

在那個時代，從北方遷往南方是一項巨大的工程。為什麼有這個轉變呢？據初次刊刻的主要負責人之一馮夢禎說，將刊刻大業由北方轉移到南方的原因有兩個：一是因為北方寒冷、氣候奇寒，不利經板存放；二是因為當地山勢險要，刻印的主持者、捐資人、工匠多在南方，人力與經費皆須從南方輾轉運送而至，運輸不便，致使費用增加。因此，四年後決定刊刻之事轉移至南方。

道開在寫給王龍池居士的信函中，則提到了南遷的三個原因——

一是北方資金勸募遠不及南方，運輸成本負擔沉重。北方在刻藏經費籌資上非常困難，或許由於北方「緣薄」，經費勸募不易。道開對於北人——特別是京師地區的人——的看法是，對佛教冷漠，利慾薰心，不樂欣聞佛教正法。

雖然這部大藏在北方刊刻，但真正的出資人、尤其是大的善主，基本上都在南方；因此北方籌集刻資不易，資金絕大部分要仰仗江南。加上五臺山刻場自然條件惡劣，本來刻場設於五臺山就是因為南方連年水災不得已而定；此時南方環境已經轉變，南遷徑山自在情理之中。

二是北方政局不穩，農民起義四起，而「秦晉燕趙尤為近輔」，對刻經場所的安全構成一定程度的威脅，所以才有南遷的必要。

第三則是，雖然經板已經刊刻出了兩成，卻沒有刷印出來裝訂成冊，原因是五臺山當地印刷經典用的紙太難得到。因此決定，五臺刻就數百卷後，自萬曆二十至二十一年間（一五九二至一五九三），連同已刻未刻之板一併遷移到浙江徑山。

選擇徑山成為刻藏處所的因緣，就如同馮夢禎所說：「徑山為東天目正幹，五峰攢廻，中開佛界，我東南勝道場，無逾此。」徑山因徑通天目而得名，是天目山的餘脈，山有東西二徑，盤折上達天目山，因此亦名雙徑山。南宋紹興七年（一一三七），大慧宗杲來徑山主法席，大振禪風於宋世，衲子雲集千眾，時為東南禪林之冠，所謂「天下叢林，拱稱第一」。

到了明代中期，祖祖相承不絕，傳燈法嗣眾多。真可對道欽、大慧等禪師推崇備至，並有〈登徑山歌〉、〈登天目徑山作〉等詩文，稱讚此山：

天所作，地所藏，待人而興名始揚。欽師一受龍神施，深湫漲為行道場。……大慧老，慈悲好，白雲卻許紅裙掃；遊人若怪煙花迷，敢保先生未聞道。

真可圓寂後，也是歸葬於徑山。如憨山〈徑山志序〉云：

今大藏，乃法界之圖籍也，今盡收於此。而拓法王之疆土者，必大賴於是矣。非此山之鍾氣博厚，又何能負重法哉！

刊刻大藏經於徑山，在宗教方面的神聖意義，即在於此。

在眾多因素的考量下，從萬曆二十年（一五九二）夏天後，刻藏團隊開始啟動南遷，並獲得當朝官員的協助與護衛，經由京杭大運河將經板運載到南方。

萬曆二十一年（一五九三）正月，徑山僧眾圓昭等人，前來迎請法本、道開二師住持杭州徑山興聖萬壽禪寺，進而開始徑山刻藏的工程。是年仲冬，已有少數幾卷《大寶積經》在徑山興聖萬壽禪寺（註八）完刻。

刻印南遷後，萬曆二十一年至二十六年（一五九三至一五九八），主要刻場在徑山主寺與聖萬壽禪寺。這一段刻藏時期，可視為過渡轉換時期。徑山寺刊刻藏經，除了銜接刻藏處所由北而南遷的改變，徑山別院寂照庵也同時在興建，是作為下一期更大規模刻藏工程的準備。

## 道開悄然隱遁

萬曆二十七年至四十年（一五九九至一六一二），刻場又移至徑山寂照庵。雙徑寂照，明代中期一開始稱「寂照房」，是元代徑山四十八代祖師元叟行端

（一二五五至一三四一）禪師全身塔處。明正德年間，管事僧將徑山寺由十方叢林改為房僧制，寺院房產變賣，因而荒廢衰敗；真可登山巡禮祖塔後，遂發心恢復。金壇于玉立、賀學仁以及常熟繆希雍共同捐資購山二百四十畝，建置寂照庵為刻經的道場。

寂照庵原是陸光祖、馮夢禎等人共同捐資修葺以供養真可的一座寺院，與復的時間大約在萬曆二十年（一五九二）以前。在萬曆十九年二月，真可曾完成登徑山、禮諸祖師骨塔之願；于比部（玉立）因真可之請捐資重修徑山放生池，或許早已經促成徑山刻藏之遠因。當刻場由五臺山南遷後，萬曆二十七年便將寂照庵改作刻經場所。

當道開主持了南遷徑山的龐雜事務，又於寂照庵建立刻場中心；不料，他突然「以病隱去」，毫無蹤跡。刻藏之事接著由寒灰如奇與幻余法本共同負責；但是，幻余法本接替不久之後，又因病圓寂。最初在五臺山承擔刻藏任務的寒灰如奇，再次承擔藏經刻印的大任。

兩位刻藏中堅的先後故去，使得刻藏事業有一段時間處於停頓狀態，刊刻進度因而緩慢。這個時期的刻藏，僅有少數幾卷典籍付諸刊刻。

道開原本是刻藏事業的靈魂人物，且曾發願「碎頭目髓腦作栴檀香」以供養那些刻藏事業的護持者；沒想到，刻藏事業才開始不久，他就驟然離去，從此不復聞見。由真可與道開往來的信函中，可知道開由於對刻藏工作甚為投入，導致積勞成疾，身體情況已經每況愈下；真可聞知後，深為掛慮，多次要求道開注意調養身體。

當道開隱去後，真可分外思念，曾作詩表達懷念與傷感，同時希望道開能再度歸來；然而，自此以後，再也沒有出現。

至於道開為何隱去，眾說不一。例如，憨山在所撰〈達觀大師塔銘〉說：「工既行，開公以病隱去。」錢謙益（一五八二至一六六四）在〈密藏禪師遺稿序〉說：「定中知本師將有王難，刺血上書，一夕隱去。」于元凱（于玉立之子）為同書所撰的序文說：「尊者（真可）再入京師……師（道開）知必及於禍，遂刺血上書，遁去。」後兩段話都明顯地指出，道開已預知真可即將遭禍；因此，不惜刺血上書，並驟然隱遁以勸諫真可。

陸符在〈紫柏尊者傳略〉文中有比較詳細的交代：

師因喟然曰：「憨山不歸，我出世一大負；礦稅不止，我救世一大負；傳燈未續，我慧命一大負。釋此三負，當不復遊王舍城矣。」門弟子皆知都下側目師，相繼奉書勸出。開侍者刺血具書，隱去。

萬曆二十八年（一六〇〇），真可為了其三大願望，也就是「三大負」——拯救憨山、請求朝廷取消礦稅、撰寫《續傳燈錄》，奔走於北京之時，當時朝廷的政治局勢顯然對真可已非常不利，有見於真可的處境危險，弟子們也憂心忡忡地相繼寫信勸諫他離開，可惜真可執意甚堅。因此，即使道開「刺血上書」，以驟然稱病隱遁的方式力諫，都沒有辦法使他回心轉意；最後，真可被捕入獄，並死於獄中。

在道開驟然離開之後，他的一位張姓俗家弟子，便在其師公真可面前落髮為僧，法號興勤，字念雲。他在出家前即禮道開為師，「興勤」二字也是道開給他的皈依法號；成為道開的弟子後，一直隨侍師旁，協助密藏道開擔負刻藏的重任。

當道開留書隱退，念雲興勤曾跋山涉水；「繩橋鳥道，無險不經。終南、峨嵋、匡廬、衡嶽，無幽不歷，迄不得師消息。蓋行逾萬里，期越三年。」念雲行逾萬里地尋覓道開，達三年之久，但終無所獲。

## 後傳弟子相繼於刻場

萬曆二十九年（一六〇一），念雲尋師未果後，返回徑山。密藏道開隱退後，主事者幾經變更；真可圓寂前，特別書信給馮夢禎等外護弟子委託刻藏大事。在諸公的支持、協助下，繼而由念雲司掌寂照庵經坊主持刻藏之事，繼未刻之業，藏經刻印再次轉入正軌。念雲並且訂立刻場的善款收入規定，務求收支清楚，自此後輩的弟子相繼接續藏經刻印的工作。

念雲以「真實不虛，果因不昧」的態度，令眾心拜服，使遠近歸向。關於念雲對刻藏事業的貢獻及行持，當時及後世對他的評價都相當不錯，真可的五世法嗣解印對念雲也頗多讚譽。因此，從刊刻典籍的題記中，看到大部頭的大乘典籍，是有規模、有進度地完成刊刻。

寂照庵時期基本完成了大乘佛教經典的雕造，並在中國佛教著述方面也取得了長足的進展。可以說，經過這一時期的努力，奠定了方冊大藏的基礎。例如，萬曆二十九年刊刻《大明三藏聖教目錄》以及《大方廣佛華嚴經》，就有五十卷。

念雲主持刻藏約有十年，為藏經的刻印做出了相當傑出的貢獻。萬曆三十八年（一六一〇），因任吳江接待寺住持之職，離開徑山，接著由真可最後的關門弟子澹居法鎧（一五六一至一六二一）接任主持刻場。而在此之前，萬曆三十一年（一六〇三），真可已經坐化京師；萬曆三十二年（一六〇四），遺骨奉歸徑山，建肉身塔請供於寂照庵。

藉此因緣，法鎧隨師之靈龕，來住徑山。他曾與繆仲淳等人謀移真可遺體於文殊臺，但不久後又遠遊。萬曆三十八年，法鎧受吳用先的迎請，回徑山負責刻藏事宜，接續念雲主持刻場工作。法鎧駐錫寂照庵，主持刻經長達十多年；這段主藏期間，也可明顯看到刊刻經藏的進度，成果豐富可觀。

## 復化城寺貯藏經板

馮夢禎（即具區馮公）曾提出修復化城寺作為貯藏經板的處所。依馮夢禎所載，徑山寂照庵的缺點是多有雲霧籠罩，常年氣候潮濕，經板存放容易朽腐，且加上刻經工程已過大半；為尋覓貯藏經板之善地，不得已而有遷往化城寺之議。

化城寺，又名雙溪化城接待寺，在徑山東麓，離雙溪數里，於宋甯宗嘉定年間（一二〇八至一二二四），由徑山住持石橋可宣禪師創建。因地坦平，少有雲霧，方便於藏板；再者運輸工力，事事皆宜，故依其舊址而新建之；一開始有屋十間，令以置放經板，並安頓工匠。然而，這個建議一開始沒有被採用而被擱置了很久。之後則由吳用先付諸實現。

儀曹郎吳用先，字體中，安徽桐城人，曾任薊遼總督。隨真可參禪，受取法名始光，二人多有交往。真可曾鼓勵他以刻印大藏為己任，認為這是弘揚文字禪的最佳途徑。有一次，真可忽然道：「君（吳用先）與此經有大因緣！」

至真可坐化後，吳用先到浙江為官，他對真可的教誨心存感激，並沒有忘記當年的囑託；於是採用了馮夢禎當初的建議，修復化城寺，為「徑山下院」。因此，藏經板木又遷移貯存於化城寺，並捐資續刻。他將化城寺視同徑山勝選道場，苦心修復化城寺；法鎧便在吳用先的協助下，依其舊址而重新建之。

化城寺興復倡議始於萬曆二十四年（一五九六），以十六年功竟其事（約萬曆三十九年，一六一一）。

化城寺興復後，法鎧接續念雲興勤，主持刻藏。萬曆四十一年（一六一三）至天啟三年（一六二三），主要刻場為徑山化城寺。法鎧於天啟元年（一六二一）圓寂，刻藏工作由幻余的弟子接續。念雲之後到了四傳按指契穎，才又慨嘆祖宗的事業未完成，發願繼續刻藏。明熹宗天啟二年（一六二二），白法性琮又承擔了刻藏事宜，但依然沒有完成刻藏大業。

依據真可的五世法嗣解印在〈密藏禪師遺稿後跋〉的記述，真可的七位徒弟中有五位參與藏事。密藏道開、幻余法本為翻刻大藏經主要荷擔者，法鎧恢復化城寺中興刻藏事業，幻居、寒灰如奇襄贊刻藏。從相關史料與牌記可知，刻藏主事者，出家眾有密藏道開、幻余法本、念雲興勤、澹居法鎧、按指契穎、徹微印開、白法性琮、寒灰如奇、解印、壽光等僧人參與，並有在家居士吳用先、繆希雍等人大力佐助。

天啟四年（一六二四）至崇禎八年（一六三五）期間，化城寺仍是重要藏刻場；與此同時的刻藏道場，尚有休寧縣海陽清淨禪林、姑蘇兜率園、嘉興府楞嚴寺、匡山木石庵、一指庵等。天啟二年（一六二二）至天啟六年（一六二六），大約在化城寺刻藏前後期之間，另有嘉興三塔寺的一處刻藏道場；三塔寺是配合楞嚴寺刊刻藏經的刻場，由居士葉祺胤所建立。崇禎九年至十七年（一六三六至一六四四），除了嘉興楞嚴寺為主要刻場外，還有江蘇金壇金沙東禪青蓮社、金壇城西南顧龍山、理安常院、常熟虞山華嚴閣等。

## 利根繼慶完成刻藏大業

明思宗崇禎十五年（一六四二），僧人利根，字繼慶，貴州赤水衛（今畢節赤水河）人，發願賡續真可的刻藏事業：

慨紫柏老人未竟因緣，為佛祖慧命所係，不覺泣淚流涕，矯首嘆曰：大丈夫出世一番，不作大丈夫事，則不如魚鳥焉。紫柏老人未盡之願，乃吾未盡之願，奮力精進。堅誓曰：不竟此事，願此身碎為微塵。立誓已，策杖遍討徑山、嘉興、吳江、金壇諸處已刻成者。

根據統計，當時已完成者有十之八九，未完成的僅剩十之一二。利根四處收集所有已刻成的經板，以半年時間完成此一未竟之偉業，使方冊藏的刻印終於告一段落。

經過法鎧、利根等人的努力，《正藏》部分終於在弘光元年（一六四五）全部完成，離經藏開雕的時間已過了五十七年！錢謙益簡單地敘述了這一段過程：

大藏之改梵夾為方冊，自紫柏尊者上首弟子密藏開公始也，海內鉅公長者主議宣導者，則有若陸莊簡公光祖、陳莊靖公瓚、東溟先生管公志道、祭酒馮公夢禎。紫柏法眷誓願次助者，常熟繆布衣希雍、金壇於比部玉立、暨丹陽賀氏，添江周氏、沈氏。刻場初卜清涼，後移雙徑；既而恢復化城，訂約化城貯板、楞嚴發經者，中丞用先吳也。藏師遁跡，紫柏示亦化，六十年來，物變錯愕，而經藏一燈，相傳未息。

雖然飽經磨難，坎坷不斷，刻藏大業至利根終於得以完成。

到了清朝康熙五年（一六六六），又開板《續藏》九十三帙、一千八百三十三卷，接著又加印《又續藏》四十七帙、一千二百四十六卷。到康熙十五年（一六七六）二月，全藏始告完成，共有一千六百一十八部、七千三百三十四卷，分成《正藏》、《續藏》、《又續藏》三部分。（康熙十六年以後，又續刻《又續藏》。）

本藏前後費時九十二年，較原訂的十年計畫超出八十二年；所費的經費之龐大，更是開刻之初所預估不到的。時日雖推移，人事雖屢遷，但開板工作未因而中斷。由此一事實可以想見，古德們有恆不輟、華路藍褸、創業垂統、續佛慧命之偉大精神，為今日佛弟子所萬萬不及。

方冊藏經刊刻之始，真可即定下「徑山藏板，不得發經；楞嚴發經，不得藏板」的原則，遵循著刻板於寂照，貯板於化城，印本於寂照或化城，流通於嘉興楞嚴寺。因此，該藏有多種名稱，歷來罕見——

《楞嚴藏》：楞嚴寺所出版的《藏經》，依發行寺院稱為《楞嚴藏》。

《嘉興藏》：由於該套藏經在浙江嘉興楞嚴寺裝訂佛典、流通發行，故學界通稱為《嘉興藏》。

《徑山藏》：因刻藏地點，從一開始的五臺山妙德庵，南遷到浙江餘杭徑山，雕造藏經的板塊貯藏於徑山寂照庵、及下院化城寺，又稱《徑山藏》。

《方冊藏》因為此套大藏經改變裝訂形式，將以往大藏經「梵筴本裝幀」形式，改為「方冊本線裝書」形式，依裝訂方式又稱《方冊藏》。

《萬曆藏》：由於出版是在萬曆年間，故亦稱《萬曆藏》。

此外，《嘉興藏》尚未刻完之時，福建高僧隱元隆琦於順治十一年（一六五四）東渡日本，隨身攜帶《嘉興藏》一部，當非全藏；因日本人尚不知有南、北二藏，故稱之為《明藏》。日僧鐵眼道光禪師（註九）於寬文九年（一六六九），依本藏為底本，開刻《黃檗藏》，版式文字全同，經板至今存於宇治黃檗山萬福寺中。

日本人感戴真可刻藏的功績，故於萬福寺中將真可與譯經大師玄奘立位同供一處。

《嘉興藏》，全稱《明嘉興楞嚴寺方冊本大藏經》，刊刻前後歷時之久、南北刻場輾轉之多，為歷來之最，是我國佛教史上出版規模最大的一部漢文佛教大藏經。自萬曆元年（一五七三）唱議，至清康熙五十二年（一七一三），文獻註記善士施刻嘉興藏之舉。依此計算，至嘉興藏刊刻完成，則長達一百四十年。縱使採計至明朝崇禎十七年（一六四四）明亡為止，前後亦歷經七十一年之久。若從一般認定的萬曆十七年（一五八九）正式刊刻，至明朝結束，則前後也歷經半世紀以上的時光；這般跨經兩朝，耗費時日長。

《嘉興藏》收錄的佛教典籍主要是明朝和清朝初期中國僧人和居士著述，有六百餘種；在《續藏》和《又續藏》中收集了大量的藏外著述，內容包括疏釋、懺儀、語錄等。與唐朝《開元釋教錄》、北宋《開寶藏》、金朝《趙城金藏》、元朝《元官版藏經》、明朝《洪武南藏》、《永樂北藏》、《永樂南藏》、清朝《乾隆大藏經》相比，《嘉興藏》的規模最為巨大、最具特色，它以收入典籍之多、續刻時間之長和私人倡緣募刻而著稱，內容最為豐富，歷來被認為是漢傳佛教最完整的一部典籍，並為國內外學者所重視。

真可雖然沒能親見《嘉興藏》刻印完成，但其弘法護教、勇猛無畏的流風遺範，一直是後輩弟子們前赴後繼、百折不撓的精神動力。無論是親炙法席的嗣法弟子，還是從未謀面的法嗣，抑或與真可並無師承關係的僧人利根，他們都能在中逢亂世、海內擾攘的困境下，鍥而不捨、披肝瀝膽，以完成真可偉願為己任，更彰顯了大師崇高不朽的人格。

【註釋】

註一：雲谷禪師，出家法名「法會」，又號「雲谷」。祖籍浙江省嘉善縣胥山鎮，俗姓懷，出生於明孝宗弘治十三年（西元一五〇〇年）。幼年便看破紅塵，立志出家。

九歲從大雲寺出家，原本只是趕經懺等法事；後有感於生死大事未了，遂外出行腳參訪。二十歲受具足戒，修習天台小止觀。後投天寧寺法舟道濟禪師座下參學，道濟禪師為他開示入道之要，雲谷禪師便默然依教參究用功，晝夜不息。

某天，雲谷禪師隨眾過堂（用齋）；一邊用齋，一邊還想著所參的話頭，專注到連飯吃完了也不知道。結齋時，他心一驚，手中的碗掉在地上摔碎，他恍如夢醒，豁然大悟。再向法舟禪師請教，便得到印證。

接下來，他閱讀五代永明延壽大師所著的禪宗大書《宗鏡錄》，對「三界唯心」真理徹底證悟。自此以後，所有佛經與佛法義理、歷代禪宗祖師的公案，都清楚明瞭得如同舊識。此時，他便隱遁到佛教大叢林裡，做些煮飯挑水的勞役工作來磨練自己。

雲谷禪師並發心效法宋代契嵩大師的行持，頂禮觀世音菩薩聖像，整夜不眠；除了禮拜，便是繞像恭念聖號。直到圓寂以前，從未停止。

嘉靖四十五年冬天，雲谷禪師悲憫禪宗面臨斷絕的危境，便約集了五十三位同道，在天界寺結期坐禪；憨山大師當時亦受雲谷禪師鼓勵共修。

據憨山大師說，當時有些出家人因過失而違犯了國家禁令，雲谷禪師知道了，不待別人求救，他就自動去救助；他懇求主管官吏，說佛法完全付託政府官吏為「外部護法」，對出家人的毀辱，會令人對佛法輕慢，便是對佛陀的毀辱了，希望他們能體會佛陀度化眾生的苦心。聽到這席話的官吏們，多會馬上改變態度。可是，雲谷禪師只是默行其事，外界竟然大多不知道。

雲谷禪師平常教導別人，特別標舉出「唯心淨土」法門；但是，他一生處處隨緣，沒有標榜過自己的門派。師住在山中清修，四十多年如一日，夜不倒單，終身拜佛誦經，沒有一日間斷。

袁了凡居士從他學法，所得受用最大，因此而著有《了凡四訓》，對後世的影響也最為深遠廣泛。

雲谷禪師圓寂於明萬曆三年（一五七五），僧臘五十，春秋七十五歲。

註二：幻余法本，嘉興人，魏塘大勝寺僧，了凡倡刻方冊藏之首先響應者，是後來山西五臺山創刻和浙江餘杭徑山寂照寺刻藏的負責人，後歸寂於大勝寺。

註三：袁了凡（一五三三至一六〇六），名黃，字坤儀，又號學海。江蘇吳江人，與紫柏同鄉。他博學多才，出入三教，嘗從陽明弟子王畿受學，又從雲谷法會禪師學禪，與當時文藝界名流如湯顯祖、「三袁」（袁宗道、袁宏道、袁中道三兄弟，明代散文家）多所來往。他信佛虔誠，護法情切，在教內頗受稱許；所著善書《了凡四訓》影響深遠，頗得民間推崇。

註四：馮夢禎（一五四八至一六〇五），字開之，號具區，又號真實居士，浙江秀水人。萬曆五年進士，官編修，與沈懋學、屠隆以氣節相尚。官至南京國子監祭酒，三年後被劾罷官，遂不復出。萬曆十三年（一五八五）捐資募刻《妙法蓮華經合論》並撰寫跋文。

註五：（一）《洪武南藏》：明初定都南京，明太祖洪武年敕令校刊，在此期間刻印的藏經稱為《洪武南藏》。洪武五年（一三七二）於金陵（今江蘇南京）蔣山寺點校刊刻，為明代刻造的三個官版中最初版本，又名《初刻南藏》，並於同年開刻，至洪武三十一年（一三九八）刻完，歷經二十七年，板存金陵天禧寺。絕大部分翻刻自宋、元《磧砂藏》，全藏收入經、律、論一千六百部、七千餘卷。該藏點校嚴謹，刻工精良，是梵筴經摺裝，明代第一部官刻大藏經。據史載，《南藏》先後兩次刻印；目前保留下來的唯一印本，於西元一九三四年在四川省崇慶縣上古寺中，發現洪武年印刷該藏的一部，經鑑定為僅存之孤本，雖已略有殘缺，並雜有部分補抄本和坊刻本在內，現存於四川省圖書館。

（二）《永樂南藏》：相對於《洪武南藏》而言，又名《再刻南藏》、《南藏》。洪武本板片曾遭焚，官府乃召集教內外大德重新刊刻藏經，為明成祖在永樂年間，據洪武本藏經重刻，編次有較大改動，收入經籍也少於洪武本。創刻約永樂十年（一四一二），畢工於永樂十五年（一四一七），收入藏經一千六百一十部、六千三百三十一卷；梵筴經摺裝，明代第二部官刻大藏經，刻工較為粗糙。該藏雖係根據《洪武南藏》重刻，但書寫和鏤刻都不及《洪武南藏》工整。《永樂南藏》刻就後，經板收藏於南京報恩寺，全國各地的寺院都可以請印，平均每年均可刷印出二十藏，所以流通量很大，傳世本也比較多。

《永樂南藏》是佛教大藏經系統中非常重要的一部藏經，內容較宋元藏經多近一倍，在佛教文獻學和大藏經編纂研究方面，有其不可替代的地位。目前中國國內收藏大約十部左右，是十分珍貴的古籍版本。

（三）《永樂北藏》：明成祖遷都北京後，刻印的藏經稱作《北藏》。明成祖永樂八年（一四一〇）敕令雕印，始刻於明成祖永樂十九年（一四二一），歷二十載，完成於英宗正統五年（一四四〇）。刻藏的地點在北京，藏於祝崇寺內的漢經廠（寺內還建有收藏明版藏文《大藏經》的番經廠），全稱為《大明三藏聖教北藏》，亦稱《正統藏》。收入藏經一六一五部、六三六一卷，梵筴經摺裝，是明代第三部官刻藏經，成祖北遷後的宮廷精華本，僅頒賜名山大寺，傳世不多。為表現宮廷氣魄，版式字體皆加大，刻工裝潢精美。

明萬曆十二年（一五八四），神宗因母后施印佛藏之願，下敕雕造《永樂北藏》的《續入藏經》，並為之序。續刻各宗著述三十六種、四一〇卷，併入該藏，並把《南藏》所有《北藏》所無的五種著述一並附上，整部大藏經方算完成。初刻的正藏和初刻的續藏兩項相加，《永樂北藏》至明萬曆十二年時，已收經一千六百五十一部、六千七百七十一卷。

（四）《武林方冊大藏經》：簡稱《武林藏》，明代中葉私刻於杭州，是我國第一部線裝本的佛教大藏經，即方冊本藏經。道開曾提及，《武林藏》刊刻時間不僅晚於《初刻南藏》，也晚於《永樂北藏》，其裝幀形式為線裝方冊本，而非傳統的梵筴經折本。不過，《武林藏》版本在道開在世時已無所聞，在《嘉興藏》的眾多發願文中，只有道開談到此藏；這表示，民間所印的《武林藏》當時早已不傳，晚明已很少人知曉。

註六：王肯堂（一五五二至一六一三），字宇泰，自號樵子，又號念西居士，江蘇南直隸金壇人。萬曆十七年（一五八九）進士，選為翰林院檢討，官至福建參政。精於醫道，並博通教乘，尤善唯識。萬曆十三年

（一五八五），師事真可，由禪入教，專攻唯識之學，其唯識研究受益於真可的啟發。以慈恩宗《成唯識疏》亡失，學者無所依憑，乃創《唯識證義》與《因明入正理論集解》二書，「書成，力疾校讎，刻行於世」。除校刻唯識學經籍外，萬曆十七年與于玉立、于玉德等人共同施銀合刻《大佛頂首楞嚴經合論》。

註七：五臺山位於中國山西省東北部忻州市五臺縣東北，又稱為「金五臺」，被視為文殊菩薩的道場，乃中國四大佛教名山之首（其他三者為：浙江普陀山、江西九華山、四川峨眉山），亦是世界佛教五大聖地之一（另四者為：尼泊爾藍毗尼園、印度鹿野苑、印度菩提伽耶、印度拘尸那迦）。

五臺山非一座山，而是一系列山群，包括五座山峰：東臺望海峰、南臺錦繡峰、中臺翠岩峰、西臺掛月峰、北臺葉鬥峰，環抱整片區域，頂無林木而平坦寬闊，猶如疊土之臺，因而得名。

五臺山是中國唯一一個青廟（漢傳佛教）、黃廟（藏傳佛教）並存的佛教道場，著名的有：顯通寺、塔院寺、菩薩頂（大文殊寺）、南山寺、黛螺頂、廣濟寺、萬佛閣等。二〇〇九年六月被正式列入《世界遺產名錄》。

註八：興聖萬壽禪寺，又稱雙徑寺，位杭州餘杭徑山鎮徑山凌霄峰上。唐天寶四年（七四五），牛頭宗法欽禪師至徑山結庵，學者輻輳。大曆三年（七六八），唐代宗賜「國一禪師」之號，並於其庵址建徑山寺。徑山寺原屬「牛頭派」，南宋高宗建炎四年（一一三〇）與「臨濟宗」，道譽日隆，被列為「江南」五山十剎之首（五山即徑山、靈隱、淨慈、天童、阿育王五大叢林）。

註九：鐵眼禪師（一六三〇至一六八二），日本黃檗宗（日本禪宗三派之一，由中國明代禪僧隱元龍琦東渡開創）僧人。肥後（熊本縣）人，俗姓佐伯，法名道光，字鐵眼。十三歲出家，二十六歲參訪隱元龍琦，之後師事木庵性瑫。有感於日本島內佛教經典的匱乏，致力於大藏經之翻刻。以宇治黃檗山萬福寺寶藏院為其根據地，巡遊諸國，以個人之力廣募刻藏經費，歷十餘年始竟其功；所印藏經世稱「鐵眼版藏經」、「黃檗版大藏經」。由於救濟畿內饑饉，幾度間斷翻刻工作，將經費全部賑濟災民，亦因而著稱天下，並獲十方善信支持。天和二年示寂，世壽五十三。敕謚「寶藏國師」。

# 第五章　平生三大負

老憨不歸，則我出世一大負；礦稅不止，則我救世一大負；《傳燈》未續，則我慧命一大負。

萬曆十四年（西元一五八六年），七、八月間，真可與憨山德清於東海牢山那羅延窟初次會面並停留十餘日後，真可、道開一行人便離開東海，往京城而去，北遊雲居寺（註一），參訪石經山，禮拜琬公塔。

真可來到了琬公塔時，對於琬公刻石為經、永續法脈的深心大願，相當感佩。一見到塔時，便淚墮如雨下，宛如在外流浪的孤子見到父母陵墓般，抱幢痛哭，徘徊許久方才離去。

這時的雲居寺已不復存在，寺產被寺僧賣給當地的富豪；真可想要贖回，恢復雲居寺，結果沒有成功。但是，對於雲居寺的傾頹，真可一直耿耿於懷，等待機緣興復雲居寺。

## 誓願恢復歸宗寺

真可想要恢復雲居寺琬公塔院的願望沒有達成，時序已經入冬，遂留在離京城八十里的潭柘山嘉福寺過冬。

嘉福寺又稱潭柘寺，始建於西晉永嘉元年（三〇七）。寺院初名「嘉福寺」，唐代改稱「龍泉寺」，金代御賜寺名「大萬壽寺」；在明代先後曾恢復「龍泉寺」及「嘉福寺」的舊名稱，清代康熙皇帝賜名「岫雲寺」；但因寺後有龍潭，山上有柘樹，故民間一直稱為「潭柘寺」。

隔年隆冬初，大地回春，因為刻經之事已有了定論，道開、法本可以在京城獨當一面，真可便放下一切，興起了朝峨嵋山之念，於是就動身前往四川峨嵋山遊歷。一路經過山西、陝西關中地區，走棧道進入四川，萬曆十五年

（一五八七），頂禮峨嵋山普賢菩薩，結識了禪僧善真。

善真，字實相，南昌人，俗姓熊；因參幻休常潤不契機，遂隱居於峨嵋山。真可稱讚他持行高潔，與真可意氣相投合。又在峨嵋山等地行腳參訪，前後持續三年左右，順長江而下，一路經過瞿唐（塘）峽，（長江三峽之首，也稱夔峽），到湖北荊襄地區，登太和山（即武當山），到達江西匡山（即廬山）。

十年前，真可苦行參訪過廬山，這次是第二次來到，特地尋找歸宗寺遺址。歸宗寺位於江西廬山南麓，建於東晉，極盛於宋代太平年間；然而，真可前往參訪時，只剩一顆古松而已；而且，寺僧用五斗米的價格，將這顆古松賣給當地的樵夫當柴劈。不料，此樹堅硬，樵夫只砍了一半。有一乞丐看到千年古松這樣被砍伐，覺得很可惜，便表示願意乞討米贖回古松，以保存古寺的遺跡。

真可聽了有關古松的故事後，頗為感慨，於是發願興復歸宗寺。由於古松的根部被樵夫砍了過半，樹已有些傾斜；真可便找了些石塊在樹的根部砌起來，填了些泥土，支撐著樹幹。他並為樹祈願祝禱，祈求古松能重新復生；若樹復生，則歸宗寺必可興復，藉此作為預卜歸宗寺是否能重興之徵兆。

數十年後，古松生長茁壯，歸宗寺也果然復興了，這都是在真可誠心祝願的力量加被下而促成的。歸宗寺之復，憨山與《廬山志》都盛讚真可的願力；神宗頒賜真可的藏經及詔諭，最後也都藏於歸宗寺。

## 作《長松茹退》

真可離開了廬山，來到了江西潯陽城（九江）。當時的江州孝廉邢懋學對真可非常尊敬，侍奉真可最殷勤，與邢懋顒建「長松館」供養真可居住。

長松館位在潯陽城中高處，離廬山不遠，前後左右植有松樹。真可每過潯陽，多住於長松館。在萬曆二十一至二十二年間（一五九三至一五九四），有一段時間長住於此，《長松茹退》就是他此時所寫下的著作，有上、下二卷，是真可唯一的親筆論述。

《長松茹退》是真可為邢懋顯所請，在三日之內所完成的著述；「茹退」二字，則有自貶之意。據《楞嚴經注》，「茹退」義為牛糞；真可便在自序中說：「書曰『茹退』乃自貶，非暴耀也。」——

何故名之？立言不難，難於明理；明理不難，難於治情；能以理治情，則理愈明；理愈明，則光大。故其所立之言，天下則之，鬼神尊而訶護之。憨憨子自知不能以理治情，以飲食不節而致病，病生復不畏死，猶妄著書。譬如牛馬，不能力耕致遠，枉費水草之餘，唯所退者存焉耳。名其書曰「茹退」，不亦宜乎。

在萬曆二十三年（一五九五）時，此書已刊印出版。《長松茹退》集錄真可有關儒佛道之論說、法語，計有一百二十三條；內容廣論生死、心性、情理等問題，並及儒釋道三家的義理，旁徵廣引，強調三者之間的融通不悖。該書的形式為筆記體，每條或長或短，少則四五十言，多則三四百言；雖然只有上、下二卷，共一百餘條，但是大抵已能表現出真可思想的精神。

此書是真可生前唯一的論著，內容涵蓋廣泛，雖廣徵博引但不失簡潔，一如他說法直截淨爽的風格。因當時一般人以為，因果、報應之說是佛教蠱惑愚者的伎倆，真可遂作此書批駁此類的謬誤知見；謂持此論調者不僅得罪釋氏，且為儒家聖人如箕子者所惡。

## 方外摯交湯顯祖

除了高僧憨山，真可於方外亦有摯交，其中應以明代才子湯顯祖最為知名。

湯顯祖是明代中葉偉大的戲劇家與詩人，一生與真可有五次相遇，似有宿緣。二者以文離奇初遇，真可賞識湯顯祖深具慧根，後來受記於真可；當湯顯祖宦途蹇促，真可又殷殷引勸渡化。

湯顯祖（一五五〇至一六一六），字義仍，號海若，一作若士，江西撫州臨川人，世稱臨川先生。四十九歲移居沙井巷，建玉茗堂，清遠樓是其中之樓閣；因住所之名，自署「清遠道人」，晚年又號「繭翁」。湯顯祖出生於臨川縣文昌里有名的書香門第，承襲了四代習文的家風；儘管父輩以前沒有功名，但詩禮傳家、愛好曲藝。

湯顯祖自幼聰穎過人，過目成誦，五歲就能屬對聯句，十歲學古文詞，十二歲就能作詩，自幼涉獵諸史百家，對《昭明文選》一書尤為精熟。十三歲授業於徐良傅（一五〇六至一五六五）。同年拜泰州學派大師羅汝芳（近溪先生（一五一五至一五八八）為師，受其影響甚深，其詩文作品亦多次提及這位恩師。二十一歲時，參加江西鄉試，取中舉人第八名。此後幾年，他先後印行了《紅泉逸草》、《雍藻》（已佚）和《問棘郵草》等三部詩集。

中舉之後，卻在進士科考中屢考屢敗，一再受挫。萬曆五年（一五七七），當朝內閣首輔張居正，曾先後兩次攏絡顯祖，希望他為自己的兒子陪考，以掩飾「護航」的目的，正直的湯顯祖斷然拒絕；不肯依附權貴的作風，使他再次落第。直到張居正去世後第二年，萬曆十一年（一五八三），三十四歲的湯顯祖才考上進士，布滿荊棘的仕途卻也從此開始。

及第後，當朝首輔申時行與次相張四維來拉攏其為門生，湯顯祖再度拒絕，不願趨炎附勢，甘願放棄有利的前途；最後，只派任了太常寺博士的閒官；萬曆十七年（一五八九），湯顯祖才升任南京禮部祭祀主事。在職期間，與東林黨人顧憲成（一五五〇至一六一二）、高攀龍（一五六二至一六二六）、鄒元標（一五五一至一六二四）等交往甚密。

在此時期，他與真可禪師相遇於南京，兩人交遊往來；道雖不同，卻結下了深厚的情誼。湯顯祖是真可非常尊重與器重的一位方外摯友，湯顯祖亦對真可深深敬仰：「達觀氏者，吾所敬愛學西方之道者也。」

萬曆二十七年（一五九九），真可在〈與湯義仍〉一文中追述了他與湯氏的交往過程。兩人初遇的因緣，是於隆慶四年（一五七〇）。湯氏中舉後，曾到南昌答謝主考官參政張岳；回城經過西山雲峰寺時，天色已晚，在寺外蓮池旁解下頭巾，略作休息，卻不慎將簪子落入水中，詩興一發，便在寺外壁上題了兩首詩（〈蓮池墜簪題壁二首〉收於《玉茗堂詩》卷十四）：

搔首向東林，遺簪躍復沉；雖為頭上物，終是水雲心。

橋影下西夕，遺簪秋水中；或是投簪處，因緣蓮葉東。

後來真可雲遊行腳，經過西山雲峰寺，看了湯氏的兩首五絕題壁詩，認為作者才華出眾；由「雖為頭上物，終是水雲心」二句，則認定湯顯祖「受性高明，嗜欲淺而天機深，真求道利器。」因其「水雲心」、「蓮葉東」之語有忘俗歸隱之心，氣節不俗。從詩中所表現之青年人對功名富貴的出世超然態度，使真可認定題詩之人應有宿緣，便欲度其出家。

在後來真可寄給湯顯祖之尺牘中，對此事記載：「野人追維往遊西山雲峰寺，得寸虛於壁上，此初遇也。」真可自稱「野人」，「寸虛」則是真可替湯顯祖取的法名；當二人未見面時，已有神交，因此被真可視為「初遇」。

詩中所流露出的歸隱之情，正是湯顯祖投身功名前所展現的瀟灑性格，真可本身則是「揚眉瞬目，怒罵譏訶，莫不直示西來大意」的直爽之人；二人相近的性格，實乃日後能夠投契的根本原因。

二十年後，即萬曆十八年（一五九〇）臘月，二人才巧遇於南京刑部員外郎鄒元標（一五五一至一六二四）家中，由鄒替二人引見，可算是一樁奇緣，這是兩人第二次的相遇。鄒元標乃東林黨魁之一，與趙南星、顧憲成號為「三君」，與湯顯祖為同年進士，均狂狷不羈、性格耿介，為權貴所不容。

真可像是遇到久別重逢的故友，並能當面吟誦二十年前顯祖所作的詩，令湯氏折服，驚訝萬分，感到其中必有冥冥安排的因緣。真可並一語雙關地說：「吾望子久矣！」又說道：「『嗜欲淺而天機深』的人才寫得出這樣的詩。老僧與您神交已久，今日相見，證明我們緣分很深。」

此次會面，真可對顯祖的關注，實出自「佛度有緣」之念。因顯祖題壁之時，年方弱冠，並高中舉人，風華正茂；然而，尚未出仕，詩中卻已流露了歸隱之心，因此真可一心要度化顯祖出世，力勸他棄官出家問道。不過，後者塵緣正濃，躊躇滿志，難捨榮華名利、遁入空門；不過，至少他願意禮真可為師。真可對此事很有信心，曾許願云：「十年後，定當打破寸虛館也！」真可為了度化顯祖，用心不可謂不深。

於是，同年湯氏皈依於真可座下，法號「寸虛」，真可並開示：「心只有方寸大小，眾生卻日夜不停地把恩怨情仇往這樣狹小的地方填塞，把方寸蒙蔽住。老僧期勉你能常以四大觀身，讓方寸時時與虛空相應。」

當時，真可主持的《方冊大藏經》，已於萬曆十七年在五臺山開刻。作為名聞天下的宗師，篤信佛教的慈聖皇太后還令近侍賜予「紫伽黎」，但遭其以「貧骨難披紫」婉謝。湯顯祖後來聞此事，作〈紫柏不受紫衣口號〉一詩，對真可不慕虛榮的風骨大表讚賞：

秣陵衣色如天竺，赤衣僧隨大吏遮；
懶作移同稱輔國，相逢何用紫袈裟。

## 對湯顯祖之開導

南京之會後，兩人持續往來相聚，維持了半年的密切聯繫，湯氏於萬曆十九年（一五九一）的許多詩作中言及與真可的交遊。在春天，湯氏生了一場瀕死重病；真可聞訊後，教以佛教「空觀」的法門對治；湯氏虛心受教，病即痊癒。真可給他精神上的安慰，遠勝於服藥。

他一方面勸自己該回頭，一方面也透露傾訴苦悶的對象是真可，或說真可是醫療自己的良藥醫王，可見湯氏甚受真可的影響。

與真可相識後，湯顯祖在給友人管東溟的信中云：

> 如明德先生（羅汝芳）者，時在吾心眼中矣。見以可上人（紫柏）之雄，聽以李百泉（贄）之傑，尋其吐屬，如獲美劍。

湯顯祖孺慕俠儒；師友中，他自認最具分量的三位是羅汝芳、真可、李贄（註二）；在思想的養成、政治的自我期待、文藝創作的觀點方面，受此三位影響也最深。

晚明心學大家羅汝芳是湯顯祖的業師，為他樹立儒學基礎，真可則領他過渡迷津，是湯顯祖生命解惑的兩位心靈導師。其文學，則受到李贄的影響；李贄為晚明「狂禪」運動的代表人物，則湯顯祖之「狂」亦可想見。

第三次的相遇，是湯顯祖在南京時，曾冒雨步行四十里夜路，赴棲霞山聽真可講經、唱唄，視其為享受。湯顯祖對真可的欣賞更體現在他寫給友人的信中，讚歎「僕禮可上人，直是愛其神秀」；真可亦有很多與湯顯祖交往的詩書，足見兩人感情的真摯。

萬曆十九年（一五九一），湯顯祖在擔任南京禮部祭司主事時，上了一篇〈論輔臣科臣疏〉，嚴詞彈劾首輔申時行和科臣楊文舉、胡汝寧，揭露他們竊盜威柄、貪贓枉法、結黨營私、刻掠饑民的罪行，疏文對萬曆登基二十年的政治都作了抨擊。疏文一出，震動朝廷，引起了神宗與申時行等人的極大憤怒，皇帝更下詔斥責湯顯祖，遂將他貶謫到遙遠的廣東雷州半島南端徐聞縣任小吏典史，空有頭銜而無實權。這是湯顯祖最大一次的政治挫敗，也讓他認清政治的腐敗與現實。

兩年後，萬曆二十一年，他才被調到偏僻貧窮的浙江遂昌擔任知縣。他在當地政績頗多，令遂昌展現昇平景象，成為兩浙縣令中政聲極佳的官員。

真可聽說湯顯祖仕途不順，貶官廣東徐聞，想去探訪，未能成行。等到他被放逐到遂昌時，真可認為這是度他出家的好時機，便於萬曆二十三年（一五九五）訪湯顯祖於遂昌。真可乘船從杭州出發經龍遊縣，然後翻山越嶺，不辭艱險，徒步進入遂昌拜訪湯顯祖。這是兩人第四次相遇，同遊了名勝古跡唐山寺。

唐山寺在遂昌縣城北，真可有一首〈留題湯臨川謠〉即證此事，饒有趣味：「湯遂昌湯遂昌，不住平川住山鄉；賺我千岩萬壑來，幾回熱汗沾衣裳。」想像真可打趣地對湯顯祖說：「你不好好在平地待著，跑到這種深山幽谷；為了找你，還得通過千岩萬壑，汗水不知淋溼了幾件僧服。」

湯顯祖聽了，便邀真可至附近的唐山寺一遊，真可亦表示其早欲一遊。二人前往唐山寺，一同遊賞其清幽的環境。到了那兒，湯顯祖不禁說：「這兒真是靜修的好環境！」

真可此時提起，唐朝末年，有位貫休（註三）和尚曾在唐山寺靜修十四年。貫休立誓畫十八羅漢；每回遇到挫折，不知該如何下筆時，就會有異人在夢中指點他。畫到最後一位時，異人指點他臨摹池水中所見的影像；此舉似是暗示貫休，羅漢是他的前身。

湯顯祖便問，是貫休和尚的事蹟讓真可想來參訪嗎？

真可答道：「是的！據說，貫休和尚所見到的池水中有一群紅色的魚；這群紅魚見到月亮映在水面的影子，以為那是食餌而游去吞服。日復一日，年復一年，月影經過魚的千萬次吞吐後變成金丹，終於魚化為龍，得成正果。貫休的俗姓正是『湯』，你又和這兒有緣；或許，湯休正是你的前身。望你千錘百鍊之後，能悟道證果。」

湯顯祖卻說：「這裡值得一遊再遊，但我不敢自比湯休。」真可見寸虛不能直下承當，見不到本來面目，有些失望。但他不灰心，寫了首〈還度赤峰嶺懷湯義仍〉送他：

踏入千峰去復來，唐山古道足蒼苔；
紅魚早晚遲龍藏，須信湯休願不灰。

真可之所以來到遂昌，就是勸說湯顯祖了卻塵緣，忘情人世。他將湯顯祖比作唐末五代著名畫僧貫休，希望他能精研佛學，也能像唐山寺的紅魚一般，不斷地吞吐禪理，終得脫胎換骨，魚化為龍，有覺悟成佛的一天。然而，湯顯祖終究難以割捨悲歡離合的情感世界；真可苦心孤詣的期望與充滿自信的預言，最終落空。

萬曆二十四年（一五九六），神宗大興礦稅，大批礦監稅監到全國各地橫徵暴斂，湯顯祖對此批惡吏十分痛恨；而遂昌為金銀產地，便成為課稅重要地點。他無力與礦監稅吏對抗，也不願為虎作倀；因此，在萬曆二十六年

（一五九八），向吏部遞了辭呈，不待批准便將官印放在縣衙裡，揚長而去，甘冒擅離職守的風險。他要效法陶淵明，「彭澤孤舟一賦歸」，自行棄職歸鄉，結束十五年的宦海生涯，開始寫作《牡丹亭》。

三年後，吏部編派他「浮躁」之罪名，處分「閑住」，被正式罷斥，追論削籍，不為世所容；湯顯祖自是不能接受，卻又無可奈何。茫茫海宇，遂不能容一若士，從此家居故鄉臨川長達十八年之久，直到萬曆四十四年（一六一六）逝世。

湯顯祖回到了家鄉臨川，建了一座閒居，號玉茗堂，命名書房「清遠」，自號「清遠道人」。這一年，他四十九歲，正值戲曲創作高峰期，與真可有較多的書信往返，遇有任何問題便寫詩詢問。兩人一來一往的神交，情誼更真，而真可也多次表達欲度化湯顯祖之意。

萬曆二十六年初春，湯顯祖二歲的兒子呂兒得痘夭亡；八月，八歲的西兒殤；而在遂昌任內，湯顯祖的弟弟儒祖與女兒詹秀亦先後逝去。接連不斷的打擊，令湯顯祖心灰意冷。

十二月，真可從廬山歸宗寺到臨川，途中再次巧遇湯顯祖；二人暢談良久，以致「幾夜交蘆話不眠」。這次相遇時間也很長，直到第二年的上元節，湯顯祖才送真可去南昌。

這回是第五次相遇，對湯顯祖來說甚為感動，讓他心頭一振，重新接續了一段法緣。除了作詩〈達公忽至〉抒發「珍重別情長憶否，隨時香飯勸加餐」的情感，並有所感慨地寫下：

偶然舟楫到漁灘，慚愧吾生涕淚瀾；
世外欲無行地易，人間惟有遇天難。
初知供葉隨心喜，得似拈花一笑看。

詩中回首自己一生的宦途波折，倍增慚愧；看到可和尚遊方四海、無欲則剛的形象，使顯祖覺得他在世上能夠得窺天機，實在是件難得之事。因此，對真可的來訪充滿了歡喜供奉之情。

萬曆二十七年（一五九九）正月初，湯顯祖、真可、臨川知縣吳用先三人一同訪疏山石門寺，又往南城從姑山憑弔追思羅汝芳。在臨川文昌橋共敘舊情。真可時而藉景說理，以文昌斷橋指點湯顯祖，希望他能超然通透「情枯智訖」；在〈臨川文昌橋水月歌〉中，可見到真可反覆叮嚀的苦心。此次臨川之行，真可將湯氏法號「寸虛」改為「廣虛」，並為是年殤逝的湯氏愛子西兒作〈悼西兒名序〉。其時《牡丹亭》已經完成。

兩人相處將近月，在湯顯祖的思想歷程上是件大事，特別引發了他對人生真幻的思考，並對「人生若夢」這個想法有了切身感受。

正月十五日，真可離開的時候，湯顯祖依依不捨，一直送他到九江，離別時竟至泣下，後來還寫了好幾首詩懷念大師對他的啟迪，都涉及出世的想法。真可在此扮演的角色，分明是來指點迷津，有心度化以「真情」作為人生價值的顯祖。

## 對湯顯祖之影響

觀萬曆二十六年底到二十八年間，這一時期，湯顯祖大部分的詩作不離真可。因重逢真可而寫的詩文，數量豐富，內容多為對法師的仰慕讚歎、同遊禪喜及離別之思。第五次的臨川之偶遇，「何殊雲水相逢，兩皆無心，清曠自足」，才算了遂真可的心願，接引顯祖以入覺悟之境。

可惜，兩人相聚不過近月，後來真可北上入京，遭禍身死，不能再來接引；而顯祖雖然屢受精神感召，卻總是情緣難斷，無法超拔於世情。

在這次臨川之會後，真可寄來一封長信——即〈與湯義仍〉，其苦口婆心在此信中表露無遺。此時，兩人書信往返圍繞的重要議題為「情、理」之辯，針對情、理問題展開過一場探討。真可在信中諄囑湯氏須「善用其心」、避免「情癡」：

真心本妙，情生即癡，癡則近死；

近死而不覺，心幾頑矣！

他希望湯氏遠情近理，明性黜情，因為：

理明則情消，情消則性復，

性復則奇男子能事畢矣，雖死何憾焉！

在情、理問題上，真可尊理黜情，主張「以理破情」，以「情消」力勸湯顯祖的「情真」；在他看來，湯氏至今乃無法入道仍是因為「昧性而恣情」。真可認為湯顯祖「受性高明，嗜欲淺而天機深，真求道利器」，所以希望他能夠淡薄世緣，因為「世緣一濃，靈根必昧」。

「性」即「本性」，是「真心」之所至，而「情」則為因外境緣起之虛妄心，亦即佛教所謂的「因成」——因附前境而生之妄心。此一妄心必須消滅才能回復本性；而要消滅此一妄心，就必須瞭解心本為虛，因境而生，無有實存；唯有此心不流入「因成」，才能返情復性。真可為湯顯祖取名「寸虛」，就是希望他能虛空此「心」，不以實義待之。

而根據真可觀察，「情」仍眾人之常道，所謂：

生死代謝、寒暑迭遷、有物流動，人之常情。

眾人迷常而不知返，道終不聞矣！

情雖為人之常，但人必須反此情常，才能離苦，才能合於真心本妙，方法就是「情消」。若能明白「情由境起」之道理，便能「理明則情消，情消則性復」。

就真可所論，「性」即「真心」，不沾情有；情是因成之妄心，並不實存。只要明白此一道理，終歸佛教「空」的精神。於是提出「滅情復性」，召回「我固有法身，本妙真心」。

真可的臨川之行，加之別後的信箋勸說，使湯顯祖開始「新參紫柏禪」。針對真可的來信，湯顯祖在〈寄達觀〉中，表達仍對世情眷戀的矛盾心理：

情有者理必無，理有者情必無，真是一刀兩斷語！

使我奉教以來，神氣頓王（旺）。

湯顯祖一生惟情所重；真可此番教化，對他震動不小。顯然，他對真可理情衝突說是認可的；但對於「滅情復性」一事，顯然無法接受與依循。他知道，要自己忘情遺世，是很難做到的。作為戲劇家，湯顯祖不僅不能忘情，「情」反倒是他戲劇創作的觸媒與核心。在信中對真可的情理對立觀表示稱讚，卻始終無法消極遁世；他並舉白居易、蘇東坡為例，稱他們都無法擺脫情的驅使，堅稱人生而有情，希望真可能體諒他的「為情所使」。

雖然真可與湯氏都是主張情與理不兼容、對立，他們卻在「以理滅情」、或「以情滅理」的問題上，有不同的做法。真可身在佛門，必然是要斬斷七情六慾，實現「以理滅情」的；而一生都「為情所使」的湯顯祖，則是主張「以情滅理」，進而實現「至情之境」。可以說，在與真可關於情、理關係辯論中，湯顯祖有深刻的領悟，並且更加堅定了對情之追求的信念與理想。

最終湯顯祖沒有遠離俗塵而出家。至於受到真可「理有情無」觀念之影響，則體現在隨後兩年創作了《南柯夢記》與《邯鄲夢》，表現人生似夢的主題，在夢與真之間徘徊；到最後，夢只不過是虛設的幻影而已。

湯顯祖以戲劇創作表達了他對「情、理」的看法：「情」表現為戲曲創作，「理」的終極目標則是覺醒悟道，用戲劇來傳達人生如夢的哲理。由此看來，不能不說真可對湯顯祖影響是深遠的。

真可在晚明諸高僧中風頭最健，在當時的士大夫間最受推崇。沈德符《萬曆野獲編》載：

> 紫柏老人氣蓋一世，能以機峰籠罩豪傑……至辛丑，紫柏師入都，江左名公，既久持瓶鉢，一時中禁大璫之如真赴靈山佛會。又遊客輩附景希光，不免太邱道廣之恨，非復袁、陶淨社景象。以故黄慎軒最心非之。

真可影響遠過於京都浦桃社「公安三袁」（宗道、宏道、中道三兄弟，出身湖北公安縣）、陶石簣、黄慎軒、吳本如等人；然而，卻也因此遭嫉。

當真可想要北上京師搭救南康太守吳寶秀，湯顯祖認為此行凶多吉少，曾極力勸阻；真可亦有信回覆湯顯祖，表示他即使刀斧加身，也毫不畏懼；信中寫道：「斷髮如斷頭，豈有斷頭之人，怕人疑忌耶？」

湯顯祖仕途坎坷，空有抱負不得伸展，最終理想幻滅，掛冠求去，退隱家居，對世事徹底失望；同樣亦希望摯友真可不要再為世事奔走，以免受到政治迫害。但真可疾惡如仇，鐵骨錚錚，婉拒湯氏之勸。在京師期間，湯氏仍牽掛真可安危，曾致書勸其早歸江南。

萬曆三十一年（一六〇三）冬，真可以涉嫌「妖書」一案，在西山潭柘寺被捕；十二月十七日，在獄中端坐安然而逝。湯氏得知後，對於終生摯友真可的死，悲痛欲絕，含淚寫下〈西哭三首〉，以表無盡的哀痛悼念之情。其中一首云：

> 三年江上別，病餘秋氣淒；
> 萬物隨黃落，傷心紫柏西。

萬曆三十六年（一六〇八），真可已圓寂五年，湯顯祖與友人在臨川正覺寺讀真可的〈龕岩童子銘〉時，仍不能自控，泣不成聲。

# 度化關門弟子——澹居法鎧

給諫鄒爾瞻與大參（參政）丁勺原，素來敬重真可，想要挽留真可駐錫廬山，結果因緣不成。

萬曆二十年（一五九二），真可離開潯陽城，經過安徽安慶，有一位江蘇江陰地方出身名門巨族的居士趙我聞，三次來求見。第一次因緣不足未見到真可，只在門外禮拜；第二次有幸會見，就乞求剃度出家，卻被真可拒絕。

另外還有一位阮自華居士，以前也親近過真可，也曾要求在真可座下出家，結果沒有答應他的要求。這次，阮自華邀請真可遊皖公山馬祖庵。皖公山即天柱山，在安徽省潛山縣；皖公為春秋時期皖國的仁慈君主，安徽簡稱「皖」的由來於此。真可喜歡皖公山的超勝獨絕風景，囑咐阮自華能在此興建梵剎；後來，果真憑著願力將破敗的茅庵翻修成莊嚴的佛剎，還得到神宗皇帝賜名「佛光寺」。

萬曆二十一年（一五九三），江陰趙我聞居士第三次相求，再次乞求出家，真可才首肯為之剃度。原因是，在遊皖公山時，當夜夢見披有白鎧之人服侍在側；後見趙我聞穿白衣而至，真可便才答應剃度，並賜法名為「法鎧」，別號澹居，時年三十三歲，是真可最後的關門弟子。

出家後，真可命法鎧參究生死根本大事，法鎧即辭師入浙江天目山，開始頭陀的修行生活。經過八年的精進修行後，萬曆二十九年（一六〇一），至都門探望真可。一見真可，法鎧便問生死大事。

法鎧問師父：「某甲為生死大事，願師指示。」真可立刻給一頓痛棒。法鎧再問一次，真可又下一頓痛棒。

法鎧又問：「永嘉大師說：『了即業障本來空。』只如師子尊者、二祖、肇公等，是了得也未？」

法鎧話還沒說完，真可連下好幾棒，說：「會麼？會麼？」

法鎧：「不會。」

真可：「本來空是什麼乾屎橛？」
在真可棒喝的開示中，法鎧突然省悟，不斷點頭，從此見地即穩密。隔年，真可要法鎧南下弘法。法鎧竭心盡力重建了遠公塔，並住持廣東浮山大華嚴寺，處事魄力一如師尊。
一年後真可圓寂，靈龕奉歸徑山寂照庵。後移葬文殊臺，並邀請憨山和尚舉行荼毗入塔事。憨山對眾弟子說：「紫柏法師最大遺願就是《徑山藏》的編刻完成，有誰能接下這個重擔？」法鎧：「為報師恩，義不容辭。」可見其感念真可以及承擔之氣魄。憨山〈徑山化城寺澹居鎧公塔銘〉便讚歎法鎧：
其於以送死復生，盡形畢命，繼志述事，光前絕後，斯為達師末後弟子，無忝的骨者也。私謂公之才足以應世，力足以荷擔；其為道也，艱難辛苦靡不備歷；其於事也，見義勇為，不避刀鋸。其視利養如空花水月，死生之際超然如脫敝屣。噫！非大丈夫夙根披露，心契無生，寢處於有形之外者，曷能如此哉？

# 痛責己身三十棒

萬曆二十年四月十五日，真可由五臺山來到京城，居住在城外的西山潭柘寺。

慈聖皇太后非常欽仰真可的道風，聞知他在潭柘寺，特派侍臣陳儒、趙贇送齋供養，並特賜紫伽黎。皇家御賜的紫伽黎是一種無上殊榮，真可卻辭讓不受，並作偈一首以表心意：

三十年來江海遊，尋常片衲度春秋；
自慚貧骨難披紫，轉施高人福更優。

此中所說「高人」指的是真可法友憨山德清。二人在晚明佛教復興中同舟共濟，結下深厚的友誼，真可便勸請皇太后將紫袈裟賜與憨山德清。

除了辭讓，真可還守戒精嚴，以下舉一守戒嚴身之事例。

按例，每天真可於進食前必先禮佛。一日，有故友遠道來訪，真可竟忘記供佛，就直接陪同友人共進午齋，舉箸就吃；吃了幾口飯，才想起還沒有拜佛，犯戒「違規」。他便對知事僧說：「今天有人犯戒，現命你痛打他三十棒；如果徇情打輕了，就要加倍打六十棒！」知事僧聞言錯愕不已，不知是誰犯了戒，使和尚發怒？

不久，真可交付香板給知事僧，隨即自行匍匐於佛前地上，接受三十大板的懲處。經此「重刑」後，打得兩股皮破血流，其所受痛楚，自是不言而喻！事畢，師即身示教，懇切告誡大眾：

「想要破除眾生無始劫來的煩惱習氣，就如同在麵裡加了油，攪和在一起，要讓油麵分離，是非常困難的。為了要降伏煩惱習氣，不下狠心痛打責罰，那肯定是不容易調伏的！」

真可個性剛烈，持戒亦如是；若無壯士斷腕的決心，又怎能將自家累劫的習染滌蕩盡淨呢？由此可見，古代祖師大德持戒之堅、律己之嚴，守護道業的精勤風範！

## 再訪石經山，發現佛舍利

五月十二日，真可帶著侍者道開、如奇、太僕徐琰及侍臣陳儒等人，再度往石經山雷音窟巡禮。

靜琬最初所刻石經一四六塊，鑲嵌於山上第五洞的四壁上。此洞名「雷音洞」，是山上九洞中最大的一個，也是唯一一座開放式藏經洞，另外八洞完全封閉。

真可看到窟中的陳設擁擠破舊，石經則因年代久遠，被風雨侵蝕殘破；於是，令雲居東觀音寺住持明亮率眾修補整理。這時，岩洞中忽然騰起奇異的光芒，颳風打雷，大地震動，眾人非常驚訝。隔日，明亮等人在三世佛座地面的石頭下發現洞穴，裡面藏著一個石函，函面鐫刻著：「大隋大業十二年歲次丙子四月丁巳朔八日甲子，於此函內，安置佛舍利三粒，願住持永劫」等三十六字。明亮等人看到，又驚訝、又歡喜！於是打開石函，發現裡面貯存靈骨四、五升，狀如石鐘乳般，有一股濃厚的特異香氣。

據說，琬公圓寂後，弟子們將靈骨一分建塔供奉在雲居寺後面，即「琬公塔」，一分藏在雷音窟中；現今發現的舍利靈骨，必然是琬公門弟子所藏。在貯藏佛舍利的銅函外，附有靜琬的靈骨，中有方寸大小的銀函，裡面有半寸的小金函，中有小金瓶，內含三顆大小不等的佛舍利，大小如粟米，顏色紫紅色，如金剛般的光彩耀眼。這三顆佛舍利（現在僅剩二顆），是在隋仁壽（六〇一至六〇四）年間，靜琬曾從隋文帝處得到的，於大業年間安置於雷音洞內；沒想到，千年之後，舍利靈骨同時出現，豈偶然哉！

眾人看了，都覺得很奇特而悲喜交集！道開侍者將舍利請到真可的住處；真可一見，萬分欣喜並禮贊，立刻以書信通知趙賫，並囑託太僕徐琰，請奏慈聖皇太后。太后聞訊之後，齋戒三日，六月迎請佛舍利入慈寧宮供養三日，於小金函外加小玉函，玉函復加小金函，方一寸許，坐銀函內，以為莊嚴；出內帑銀五十兩，造一個大石函，總包藏之。萬曆二十年，八月二十日，將舍利送回原來的洞穴安置，願住持永劫，生生世世，緣會再睹。

佛骨舍利的出現是轟動一時的大事，真可對此非常重視，邀請憨山撰文以記之。

此外，琬公塔院當時早已被寺僧所賣；真可便以太后所施剩下的齋銀，還有楊廷、徐琰等人的贊助，將琬公塔院贖回，雲居寺於是得以重復。

是年秋七月，真可居住在上方山，憨山聽聞真可西游回京師，於是前往京城拜訪，至上方兜率院見真可。真可邀請憨山同遊石經山觀石經，又請他為琬公塔院的興復及舍利的發現撰文作記。憨山撰寫〈復涿州石經山琬公塔院記〉，詳細記錄了贖回並修復琬公塔院的經過，並刻石勒碑（此碑現尚存房山雲居寺），撰〈涿州石經山雷音窟舍利記〉，詳細記錄佛舍利的發現、供養和重新安置埋藏的經過，可說是珍貴的歷史文獻。真可本人則撰寫〈房山縣天開骨香庵記〉。這次是二人繼牢山之會後第二次的會面。

雲居寺贖回之後，一方面，真可與諸信眾法侶，陸續為禪房、大佛殿、佛像等興建工程四處奔走、勸募。除了贖回雲居寺，真可更贖回高僧骨塔：

老漢實于此山有大宿因，感慨今昔，不能坐視，於是命諸檀越，贖琬公塔院已，贖自隋以來高僧骨塔二百餘座已。

真可不僅贖回琬公塔院，還贖回自隋以來的高僧骨塔二百多座，可謂空前絕後，功不可沒。

另一方面，在復寺工作完成之後，真可看到雲居寺的僧侶行不端正、僧品流雜，不禁感嘆，隋代以來「涿州石經山，為天下法海」，培育出不少高僧、名僧；然而，明代以後反而「珠林鞠為草莽，金碧化為泥涂（塗）。究其病源，在吾曹性戒不明，事戒不持故耳！」

由於晚明戒律不修，導致僧風窳敗；可以想見，當時明末僧眾破戒、犯戒的情況相當嚴重。為嚴格僧紀，真可又對雲居寺僧眾提出重戒嚴法的要求，以不辱先人之志；還特地召集東雲居、西雲居兩寺的僧眾，授以〈毗舍浮佛傳法偈〉：

假借四大以為身，心本無生因境有；

前境若無心亦無，罪福如幻起亦滅。

真可畢生最喜歡指示人的修行方法，是持誦〈毗舍浮佛偈〉。他又以為前半偈簡潔扼要，因此經常指示人持誦前半偈，法語中有謂：「達觀道人嘗以〈毗舍浮佛傳法偈〉授人時，必曰：持千百萬遍，自在受用現前矣。」對於前半句偈真可則說：「此半偈特十四字而已，然大藏與一千七百則機緣、九經二篇百家之要莫不備焉。」又說：

此半偈能讀而誦，誦而思，思而明，明而達，則惡源之枯不枯，罪藪之空不空，子自知之，非予口舌所能告也。

真可深信，前半偈能有效幫助常人捨棄對身見的執著。這半偈，能讀而誦，誦而思，思而明，明而達之後，惡源能枯或不枯，罪藪能空或不空，個人自然就會知道了，不用再費口舌說明。

基於對〈毗舍浮佛偈〉的深切信仰，真可一方面勸人持誦，自己本身更是持偈不輟。他曾告訴憨山：「吾持二十餘年，已熟句半；若熟兩句，吾於生死無慮矣！」真可持偈有二十年之久，以這麼久的時間持誦一偈，果然頗具功力，特別能捨棄一般人執著最深的身見。所以，當他後來蒙冤入獄時應驗，不被自己身形所累，在獄中從容化眾、賦詩、坐化，坐化之後又時時顯示靈瑞。

從這些事蹟與真可法語中所說的「持偈千百萬遍，自在受用現前」可知，真可是一位真有見地又精進修持的高僧大德。

## 摯友憨山德清

同年，石經山之事完成後，真可與憨山兩人共住於北京慈壽寺的西郊園中；兩人相對而坐，夜以繼日，不闔眼地暢談了四十日，在此商討了編藏、續傳燈錄及興復曹溪祖庭等三大事業。

憨山晚年在自序年譜及〈達觀大師塔銘〉中回憶說，他和真可四十個晝夜的暢談，是生平之一大快事、奇事！他們兩人的年齡相近——真可比憨山大三歲，學識見解也相合，兩人見面時總有講不完的話，數夜不眠乃是平常事。

此次兩位大師在慈壽寺四十日交談的內容，主要是商議修訂本朝禪門的《傳燈錄》（註四）與疏濬曹溪之事。《傳燈錄》指的是記載禪宗歷代傳法機緣之著作；「傳燈」意謂以法傳人，如燈火相傳，輾轉不絕。真可認為應該要為明朝的高僧重寫一部《傳燈錄》，但一直未能修成，成為他的「慧命一大負」。

憨山深感當世禪門的衰敗寥落，而禪宗的源頭曹溪（六祖弘法之寶林寺所在地），必然已經涸淤；想要振興禪門，必須先濬清禪源。因此，他與真可相約共赴曹溪寶林、興復曹溪祖庭，重開禪宗法脈。晚明禪門之盛，真可、憨山應首居其功。

續燈之事談定後，兩人便分頭進行，真可先至江西匡山等候憨山共赴曹溪。因著這樣的情誼與約定，他們兩人便成了生死至交。這時已是萬曆二十年秋七月了。

三年後，即萬曆二十三年（一五九五），憨山竟被誣以「私創寺院」的罪名而詔捕入獄。引發這件冤案的導火線，乃是因道士的誣陷。憨山避居東海牢山之後，曾經修葺一間廢棄的蘭若居住，取名「海印寺」，以供奉聖母皇太后所賜大藏經。當時，即墨城有一道士耿義蘭詐稱海印寺是道院的舊址，現在應該歸還，藉機勒索。

當時的朝臣權貴裡，有人因五臺山祈儲案而忌恨憨山；加上萬曆十四年神宗頒賜大藏經給天下叢林，東海牢山首先受賜，更加深前仇。因此，假借牢山傳出的方士流言，令東廠衛士扮作道士，揑造道宮舊名，擊鼓奏朝誣指憨山侵占。神宗便派緹騎遠赴東海，夷盡海印寺，並逮捕憨山下獄。八個月後，以「私創寺院」的罪名，勒令憨山還俗，並發配到距京城千里之外的雷州充軍。

真可在匡山聞知憨山蒙難的消息後，隨即為憨山誦《法華經》百部，祈求佛力庇祐憨山得免於死難；此誠「患難見真情」之絕佳寫照！經過幾翻周折，憨山雖被免除了死罪，但仍判遣戍廣東雷陽。真可在得知憨山遇難的消息後，感嘆道：「要是失去憨山大師，共興曹溪的願望也不能實現了！」於是單獨出發，前往曹溪。

當真可到了曹溪禮六祖時，只見溪水壅塞，昔日莊嚴的道場已經淪為松鼠亂竄的荒寺，真可看了心中難過。不久他便趕回京城，為營救憨山到處奔走，再折回山東聊城。當他得知憨山已被遣發到雷州充軍的路上，又匆匆南下至金陵（南京）等待。

萬曆二十三年十一月，時值嚴冬，憨山乘的船到達南京後，真可在長江邊的下關旅泊庵中與憨山相見，真可握著憨山的手說：

「您荷負弘揚佛法的大任，幾乎遭遇死難！古人為法，如春秋時的程嬰和公孫杵臼，為了救趙氏孤兒而犧牲的忠勇之心；我何許人也？如果您不能生還，我也不會活著！」

真可想盡辦法要為憨山平反洗刷冤情，但是憨山再三地勸阻真可，認為這是他的定業，不必為他如此費力。

到了必須分別的時刻，真可又囑咐說：「將來如果我先您而死，我的後事就交給您了！」於是做了一首詩〈逐客說〉，送給憨山當做踐別之禮。從此兩人分隔南北，而這次也是他們最後一次見面。

與憨山分別之後，真可立刻入京，為營救憨山之事積極奔走於各界。最初真可與憨山約定，共同前往曹溪振興法脈的心願，因為憨山的披罪而成幻影，後來卻又因為憨山被遣戍雷陽，由憨山獨立完成。

萬曆二十四年（一五九六），憨山抵達雷州鎮，恰逢當地天災，雷州因乾旱而鬧饑荒，瘟疫橫行，饑民屍橫遍野，民不聊生。憨山不顧自己囚徒之身，帶領弟子們收埋餓殍、安撫百姓，並建濟度道場，結果竟感得天降大雨，解除了癘氣，他也因而成為當地百姓心目中應世菩薩的化身。之後，鎮府令憨山回返廣州，當地官民崇仰其學德，經常有人來訪。憨山身服囚衣為眾說法，追隨學佛悟道者眾多；他亦立下弘經之願，日日以佈教、弘法、著述為事，並開始著手疏論《楞伽》、《楞嚴》諸經。憨山在雷陽以道德教化，獲得眾多百姓及地方官吏的擁戴。

五年之後，憨山又以南韶觀察祝興存的延請而前往曹溪，展開復興曹溪的大業。憨山到了曹溪之後，首先寧定地方，澤披眾民，然後逐步展開他興復曹溪禪源的工作，所謂「開闢祖庭，改風水道路，選僧授戒，立義學，作養沙彌，設庫司、清規，查租課、贖僧產、歸侵占；一歲之間，百廢待舉。」

當真可知道憨山在曹溪的辛勞及功績，特別寫了〈康居國會尊者像贊寄憨公并序〉一首，其序言：

> 曹溪肉佛所現，自唐及宋，飲曹溪而得道者，代不乏人。邇來曹溪涸矣，寶林蕭然，又藉憨師以謫戍為波瀾，而曹源復活。……

在贊詩中，真可藉由讚美三國時在吳越傳法的康僧會，來褒揚憨山在曹溪辛勞努力的功績，同時也表達對於憨山的感佩與思念之情。

反對礦稅、營救吳寶秀

萬曆二十四年，乾清宮、坤寧宮發生火災；隔年，皇極、中極、建極三殿又遭火災，朝廷於是大興土木，導致本已捉肘見襟的財政更為緊張。由於營建三殿缺乏資金，神宗便派遣大批太監為稅使，至各地專門徵收礦稅、商稅。先開礦於畿內，接著河南、山東、山西、浙江、陝西悉令開礦，由太監率領。

明朝礦監稅使的派出，最早是在永樂十五年（一四一七），成祖派出太監與內臣到陝西、湖廣、貴州等地開坑採礦。但是，神宗所派出的礦監稅使，則是打著貢獻皇帝的旗號，藉開礦、收稅之名，強取豪奪，到處搜刮掠奪財物，危害百姓。

最先派出的是礦監。這些飛揚跋扈、貪贓妄法的太監到各地不久，便將地方上鬧得雞犬不寧；有礦的地方十室九空，沒有礦的地方多出礦稅來，使得無數百姓家破人亡。在瘋狂開礦斂財的同時，神宗又派稅使至各地商業重鎮，向商人和市民徵收雜稅；這些稅使盤剝商民，肆無忌憚。

從萬曆二十五年到三十三年，各處收進的礦稅達三百萬兩。礦監稅使對人民極盡剝削，嚴重迫害人民，導致晚明商業遭受重大摧殘，使民變蜂起，政局更加動亂。

對於礦監稅使的惡行，群臣不斷上書、彈劾；神宗非但不予理會，彈劾者反遭到譴責。這些派出的礦監稅使還欺凌地方官吏，凡是與太監發生衝突的地方官，都遭到逮捕、刑訊、流放、罷官等懲罰，甚至死於錦衣衛的監獄。

萬曆二十六年（一五九八）冬，江西南康縣太守吳寶秀，因得罪駐守鄱陽湖口的稅務太監李道，李道便向神宗參劾吳寶秀，犯了「抗旨匿稅」的死罪，還順便把府治所在的星子縣知縣吳一元、青山巡檢程資也牽涉進去。次年二月，神宗下詔逮捕吳寶秀進京，其夫人陳氏因此哀憤至極，竟懸梁自縊而死。

真可在匡山聽聞此事之後，不禁感嘆：「這些宦官閹人橫行霸道，造業無數，倘若殺害吳太守及其妻，這還算什麼世道？」於是，他策杖下匡山，挺身至京師，設法營救這位與自己素昧平生的太守。

真可到達京師後，吳寶秀已下詔獄，他只好奔波於達官權宦之間，以求廣泛的輿論支持。此次入京，京中仍是「一時中禁大趨之，如真赴靈山佛會」；而素來欽重真可的慈聖皇太后，「亦有意令來創一大寺處」。於是，他就利用這機會面見皇太后，備述吳寶秀的冤情、吳妻自盡的慘狀及礦稅使之害，以激起太后的同情心。

他還求神宗近侍、司禮監掌印田義幫忙。田義彙集眾人相救吳寶秀的奏疏，送到神宗案頭；神宗見狀勃然大怒，把奏疏推到地上。但田義面不改色，緩緩地把奏疏收拾起來，對神宗說：「大臣們在門外跪候多時了，得不到答覆絕不退出。」神宗無奈，只好看了一遍奏疏，覺得確有冤情；加上皇太后也親自出面，身為孝子的神宗於是改變心意，將吳寶秀移交刑部審問。

吳寶秀移獄刑部後，真可經過多方調護，終於見到了獄中的吳寶秀，並囑咐他誦念〈毗舍浮佛偈〉的前半偈：「假借四大以為身，心本無生因境有」十萬遍，以解脫牢獄之災！真可每以此偈自救救人，解除困厄。

吳寶秀在囚獄中便開始誦念。或許真的是至誠動天，當他夜以繼日地誦念到八萬遍的時候，神宗皇帝竟然一時念起，再次派有司仔細查審案情；另一方面，真可在京師透過一些同情吳寶秀的官員，共同努力解救，直到當年九月吳寶秀出獄為止。吳寶秀被削職為民，回歸故里，終於得以與家人團聚。對於真可，吳寶秀非常感念，每每想到，就感動得涕泣縱橫。

把吳寶秀救出後，真可就再也沒有回歸廬山，而是繼續留在京師，直至萬曆三十一年京師發生「續妖書案」，被牽連入獄而死。

雖然吳寶秀已被釋放，但礦稅並未廢止，憨山仍流放而未歸，當初想要重新編撰《傳燈錄》的工作也毫無進展。為了營救憨山、停罷礦稅，真可積極地奔走於京城各界，他曾經憂心忡忡地感嘆道：

法門無人矣！若坐視法幢之摧，則紹隆三寶者，當於何處用心耶？老憨不歸，則我出世一大負；礦稅不止，則我救世一大負；《傳燈》未續，則我慧命一大負。若釋此三負，當不復走王舍城矣。

真可的「三大負」分別為：一、當憨山遭陷害充軍發配雷州時，無力救助，是為「負友」；二、為了百姓減輕礦稅而請命未果，反遭陷害，是為「負民」；三、未能修編《傳燈錄》以弘揚佛法，是為「負法」。此時，真可心中所念、信中所寫，也都是此三大負事，這也為他種下了日後罹難之因。

他反對礦稅、營救憨山的舉動，遭到一些既得利益者的嫉妒與不滿。弟子們皆知京城的情況對他相當不利，紛紛寫信勸他離開。但真可表示：「吾當斷髮，已如斷頭，今更有何頭可斷！」他為了三大負事，完全置個人生死於度外，以眾人福祉為己任，堅決留在京城中。

觀真可大師一生行誼，雖為有道高僧，但秉性剛烈，喜怒形於色，任俠好義，將天下興亡、人間疾苦，一肩擔當，頗有地藏菩薩「我不入地獄，誰入地獄」的襟懷，他的「平生三大負」感慨，可為明證。真可雖身在方外，卻心繫芸芸眾生之福祉，並為影響百姓生計之大事乃至冤獄奔走出力；這樣的人格風範，實堪稱為佛門中之「俠僧」！

【註釋】

註一：雲居寺位於河北房山縣西南雲居山東峰，又名石峪寺、石經寺。石經山舊名白帶山，古幽州地。在隋代大業年中，因智泉寺沙門靜琬（又作智苑）尊者（生年不詳，卒於西元六三九年）在此鑿石刻經於石洞，故云石經山。

靜琬為預防末法時期法滅，發願造一部石刻大藏封藏起來。於是在幽州西南五十里大房山的白帶山（又名石經山）開鑿岩壁為石室，磨光四壁，鐫刻佛經。又取方石另刻，藏於石室內。每一間石室藏滿，就用石頭堵門，並融鐵汁把它封錮起來。

唐貞觀十三年（六三九），靜琬入寂，其弟子玄導、僧儀、惠暹、玄法四代薪火相續，堅持不懈。其後，刻經運動代代相傳，自隋至清初，延續千餘年不輟；所刻經板中，唐、遼、金等朝代的數量多、品質高。這些經板分兩部分儲藏，一部分藏於石經山半山腰的九個藏經洞中，另一部分為後期雕刻，埋於雲居寺南側地穴中。所藏佛典稱為《房山石經》，全稱《房山雲居寺石刻佛教大藏經》。

據銘文記載，靜琬生前對弟子們留下遺言，石經沒有刻完，不准掩埋遺骨；此後，歷代弟子均在其精神激勵下持續篆刻石經。直到遼代刻了一萬多塊石經後，遼大安九年（一〇九三），通理大師認為可以告慰祖師，便修建了開山琬公墓塔，移葬靜琬靈骨安放於塔下。

註二：李贄於明世宗嘉靖六年（一五二七）農曆十月二十六日出生於福建泉州府南門外。初姓林，名載贄；後改姓李，名贄，字宏甫，號卓吾，又號溫陵居士，是明朝頗有影響力的思想家、史學家和文學家，六世祖林駑是泉州鉅賈，從事遠洋貿易，乘船往來於泉州與忽魯模斯（今伊朗阿巴斯港）之間，娶色目女為妻，改信伊斯蘭教。李贄的父親以教書為業，李贄七歲時便隨父親讀書、學習禮儀。自幼倔強，善於獨立思考，不受儒學傳統觀念束縛，具有強烈的反傳統理念。他在社會價值導向方面，批判重農抑商，揚商賈功績，倡導功利價值。

李贄深受「陽明學」支流「泰州學派」影響，為羅汝芳弟子。他把王陽明與羅汝芳的學說推向極端，鼓倡狂禪最激烈，貶斥程朱理學乃偽道學，提出不能「以孔子之是非為是非」，並認為《西廂記》、《水滸傳》是「古今至文」。李贄承認個人私慾：「私者，人之心也，人必有私而後其心乃見」，並認為人與人之間的交換關係、商業交易合乎天理。後遭御史奏劾、神宗降罪，入獄後自刎。死後，泉州民眾奉之為神，稱「溫陵先師」（溫陵乃泉州舊稱）。李贄的著作有《焚書》、《續焚書》、《藏書》等。

註三：貫休（西元八三二至九一二年），俗姓薑，字德隱，婺州蘭溪（今浙江蘭溪市遊埠鎮仰天田）人，唐末五代前蜀畫僧、詩僧。七歲出家和安寺，日讀經書千字，過目不忘。唐天復間入蜀，前蜀主王建為貫休建龍華禪院，並封其為「禪月大師」，賜以紫衣。貫休能詩，詩名高節，宇內咸知。嘗有句云：「一瓶一缽垂垂老，萬水千山得得來」，故時稱「得得（來）和尚」。有《禪月集》存世。

亦擅繪畫，尤其所畫羅漢，更是狀貌古樸、絕俗超群，線條堅勁，人物粗眉大眼、豐頰高鼻，五官誇張，即所謂羅漢「梵相」。貫休在中國繪畫史上有著很高的聲譽，存世《十六羅漢圖》為其代表作。

註四：《傳燈錄》，全稱景德傳燈錄，景德是北宋真宗年號，中國佛教禪宗史書，共三十卷，宋景德元年（西元一〇〇四年）東吳僧道原撰。《傳燈錄》「傳燈錄」只限於禪宗，屬記言體及按世次記載的譜錄體。《傳燈錄》記載禪宗傳法世系，自過去七佛、第一祖摩訶迦葉、至第二十七祖般若多羅、東土六祖，乃至法眼宗文益禪師法嗣，共一七〇一人的機緣語句，並載明各禪師之俗姓、籍貫、修行經歷、住地、示寂時間、世壽、法臘、諡號等，另附九五一人語錄。《傳燈錄》產生了廣泛的影響，並引出了後世禪宗一系列的燈錄著述。
事實上，在本書完成前的唐末、五代時，已有多種禪宗史書問世；在內容上，《景德傳燈錄》是以這些史書為基礎，並進一步蒐集資料，經篩選潤色而成。

# 第六章　癸卯冤獄

三十竹篦償宿債，罪名輕重又何如？
痛為法界誰能薦，一笑相酬有太虛。

真可在萬曆三十年（西元一六〇二年）夏日，於赫山會延慶寺的牆壁上，曾題了一首自讚詩：「這個阿師，心直口快；走遍天下，圜中自在。」這首詩似透露出他已預知自己將會入獄（圜中）。

次年冬天，真可果然因妖書案而受牽連入獄。

## 「妖書案」牽連

「妖書案」發生在萬曆中期，前後共有兩次。第一起是萬曆二十六年

（一五九八），時稱「戊戌妖書」；第二起在萬曆三十一年（一六〇三），稱「癸卯妖書」。所謂「妖書」或謗書，實則是一種類似傳單的匿名揭帖。

追溯妖書案發生的原因，一般將其歸咎於「國本之爭」，即神宗立儲的問題。明神宗的正宮王皇后無子，恭妃生皇長子常洛，依照禮法應立為儲君；但皇帝偏愛鄭貴妃之子常洵，不願意立儲，惹得滿城風雨，是為「國本之爭」。

萬曆二十六年（一五九八），有人託名「燕山朱東吉」，在鄭貴妃所刻印的《閨範圖說》一書作跋，撰寫了一篇〈憂危竑議〉，以傳單的形式在京師廣為流傳。文中採用問答的形式，專門議論歷代嫡庶廢立事件，藉此影射「國本」問題；大概意思是說，《閨範圖說》中首載漢明德馬皇后，馬后以貴人身分進中宮，照顧太子如己出。作者呂坤此意其實是想討好鄭貴妃；而鄭貴妃重刊此書，實質上是為自己的兒子奪取太子位所埋下的伏筆。

此文一出，立即引起軒然大波。人們不明所以，紛紛責怪書的原作者呂坤；呂坤憂懼不堪，借病致仕（退休）回家。因為牽涉鄭貴妃，神宗並沒有深究，最後不了了之，焚毀此書便暫且平息事端。由於明神宗故意輕描淡寫地處理，所以並未引起政壇震動。

然而，一波未平，一波又起。儘管後來皇太子儲位已正式確立；然而，五年後，萬曆三十一年（一六〇三）十一月十一日早晨，內閣大學士朱賡在家門口發現了一份外題〈國本攸關〉、內題〈續憂危竑議〉的揭帖，指責鄭貴妃意圖廢除太子常洛，冊立自己的兒子為太子。不僅朱賡收到了這份傳單，前一夜已經在京師廣為散布，上至宮門、下至街巷，到處都有。

〈續憂危竑議〉假託「鄭福成」為問答；「鄭福成」的含義，乃是指鄭貴妃之子福王（朱常洵）將成為太子。帖中說，皇上立皇長子為皇太子實出於不得已，他日必當更易；用朱賡為內閣大臣，是因「賡」與「更」同音，寓「更易之」意。此揭帖大概只有三百字，內容卻如同重磅炸彈，在京城中掀起了軒然大波。時人以此書「詞極詭妄」，故稱其為「妖書」。

明神宗得知後，大為震怒，下令東廠、錦衣衛以及五城巡捕衙門立即搜捕，要求儘快緝獲造作妖書的人。第二次「妖書案」便由此而起，造成明末恐怖的妖書事件。

顯而易見的，「妖書」乃是有心人利用王室之間的矛盾所作，意圖在引發宮闈的衝突與政治的不安。然而，這件事之所以會在當朝引起大轟動，最主要的原因還是在於，朝廷各個黨派都想利用此事來打擊異己。

但是，何以身處佛門的真可會被牽連入宮廷紛爭之中？原因就出在他寫給沈令譽的書信。〈續憂危竑議〉中，言辭激烈，指出內閣大學士朱賡和首輔沈一貫，說二人是鄭貴妃的幫凶；這二人立即上疏為自己辯護，並且為了避嫌，帶罪在家。沈一貫便指使給事中（監察官）錢夢臯上疏，誣陷禮部右侍郎郭正域和沈鯉與妖書案有關，由此引發一場大獄。結果，郭正域被誣陷入獄，並牽連與他有深交之人，沈令譽就是其中之一。

沈令譽與真可同鄉，也是皈依真可的俗家弟子，以遊醫身分往來於官宦之間；續妖書案發生之前，真可交遊於京師，隨從很多，沈令譽就是其中之一。

因他曾為禮部侍郎郭正域妄治病，時人多視其為郭正域的門客。妖書事發後，首輔沈一貫等欲陷害郭正域、排擠次輔沈鯉，借機指使其黨羽大肆搜捕相關人等，沈令譽因此被牽連逮捕。

巡城御史康丕揚在搜查沈令譽家中時，搜出真可的書劄，其中談及營救憨山之事，並指摘神宗毀海印寺。真可在書劄中如是評論說：

海印寺係聖母敕建，今上聽左右細臣不明遠大之輩，為五六七百兩銀，一旦拆毀之，顯然使大明聖主蒙不孝之名，亦顯聖母夫不在不能從子之失。嗟乎！堂堂大明世界中，有等大傷慈孝之根本乎？

康丕揚看後，認為真可所言是「大逆不道，罪可勝誅」，以「書內言詞事干不道」為由，上〈奸黨蹤跡可疑，主僕供報未一〉疏彈劾真可，稱其有詆毀神宗名譽之嫌，要求神宗將他下廠衛拿獲對審。神宗為之動怒，下旨廠衛緝事衙門嚴行緝捕真可。

## 遭捕入獄審訊

十一月二十日時，真可就已被東廠盯梢，二十九日在西山潭柘寺，被西司房辦事逮捕入錦衣衛。《紫柏老人圜中語錄》收有達觀所寫〈十一月二十九日被逮別潭柘寺偈〉及〈出潭柘示僧眾偈〉，其云：「達觀老漢出山去，堂內禪和但放心；頭上有天開正眼，當機禍福總前因。」表達了他遭捕離開潭柘寺時的心境，勸慰寺眾勿須憂慮被株連。

真可只讓侍者性田一人跟隨，進入錦衣衛聽候審訊。神宗下令就「達觀有無造捏奸書事情，著與沈令譽等一併審問」，於十二月初二日第一次受審。

錦衣衛都督王之禎主審。在審問中，王之禎並未就妖書事訊問真可，而是問他來京的目的，其問道：「你是個高僧，如何不在深山修行？緣何來京城中交結士夫、干預公事？」真可回答得很從容：「明公說的是，我也欲遠去，今在西山暫住。我心中原無別事；今既遭遇，是我前世業障。」

首次訊問中，王之禎認為，作為僧人的真可應潛心修行，而不是遊走京城，參與政事。正因如此，沈德符《萬曆野獲編》提及憨山、真可二人罹禍時，發出了僧人宜「匿跡山林」，遠離「京師名利之場」的感慨。

真可被抓後，京城人人自危，只有俗家弟子于玉立不畏強暴、伸張正義，是當時京師中唯一一位敢站出來為真可之冤抗疏直辯、申冤的官吏；只是，後來卻也因此而被罷官。

在妖書事件發生之前，神宗對真可的態度有幾件事可參考。曾有一回，神宗知道真可有意刻經，也表示贊助，曾派使者送數千兩銀子，頒賜真可，作為印藏經之用；真可認為，既是印藏經用的，自有負責的人，交給那人便是，結果拒不接受。神宗笑著說：「固知此僧，非利財者也。」這件事使神宗皇帝對真可無心名利的風範，留下相當好的印象。

又有一日，神宗親自抄寫《金剛經》，因汗水滴在抄經紙上、染漬了紙，他擔心對法寶不敬，準備更換這些汗漬了的紙張；為慎重起見，派遣近侍曹公公請問真可。真可便書偈一首：「御汗一滴，萬世津梁；無窮法藏，從此放光。」神宗見偈龍顏大悅。

當時京城僧侶何止千萬，神宗獨求教於真可，可見他對真可之修為行止的尊崇。神宗也曾頒賜藏經給真可，並有聖諭數道；在當時來說，是極大的榮寵。

當真可因妖書案牽連被逮捕後，神宗之母慈聖皇太后曾令內閣傳諭法司云：「達觀高僧也，偶被誣累，毋等他囚。」不過，法司並未按慈聖皇太后的吩咐辦理。當神宗看到彈劾真可的奏章，雖表示同情，仍然下令依法審理；等到逮捕下獄時，批示奏章「研究審問」而已；但是，真可入獄後卻遭到杖刑，甚至想置其於死地，似乎一切都變質了。

由此看來，憨山所撰〈達觀大師塔銘〉中，稱神宗「意甚憐之，在法不能免」的說法，可能未必為實情；後來發生的種種，難以掩蓋神宗對真可的不滿。憨山提〈塔銘〉時在萬曆末年，自然在文字上多作保留，不敢非議。

十二月初三日，真可再次被提審，王之禎就三事進行了訊問：一是訊問真可是否造作妖書，真可對此當然堅決否認。

二是訊問真可與沈令譽的書信內容。真可承認在信中表示，因好友憨山與耿義蘭因海印寺而相爭，造下業障而陷於獄，其寫信請沈令譽託人幫助，希望朝中有人出面解救他而已，並無其他目的。王之禎又問：「信中提到穆宗皇帝，不用尊稱，而用『夫』字；你雖是方外之人，也是朝廷臣子，這是你不明理之處。」真可回答：「只是依據五倫關係而寫的，並未有冒犯之意；教人學好，不亂用一字。」

三是訊問真可：「來京所幹何事？」真可回說：「因化藏經，並修《高僧傳》、續《傳燈錄》，因此來京暫住。」

此次審訊結果，並未有證據顯示真可與妖書有任何關係；經多次嚴刑拷問，沈令譽堅持不承認，而真可亦極口稱冤。王之禎上疏神宗，建議要將真可與沈令譽一起交給廠衛研審，或是將真可另行處分。神宗沒有同意繼續審問，而是詔令：「達觀付法司定罪，沈令譽著廠衛衙門再鞫之。」

當真可被拷打詢問時，神色泰然自在無礙，絲毫沒有畏懼，對於造作妖書一事堅決否認。此時，真可已六十一歲了，年老而體衰，承受殘酷杖刑的拷打，仍然抵死不屈，甚有烈士之風範。當審問時，只以三大憾事回答，其他的事絕口不說。

## 圜中自在說法

十二月初五日，真可由錦衣衛處移交到刑部，被送入一間名「福堂」的牢房。當時同關在一牢的，還有監察御史曹學程（一五六三至一六〇八）、竺靈居士吳彥先、侍者性田。

曹學程，字希明，號心洛；因政績卓著，曾被拔擢為御史。萬曆二十年，日本侵略朝鮮，大明救援朝鮮抵抗日本；曹學程上疏強諫，反對議和，因此觸怒神宗皇帝，下令逮下錦衣衛嚴訊，後被移交刑部定罪。曹學程身陷囹圄十一年，四次被推上囚車押赴斷頭臺；最後一次，蒼天或許也不忍看他冤死，斷頭臺上忽然「風霾蔽天，木拔瓦飛」；監斬官再三奏請，才免一死，但並未釋放出獄。曹學程因此得以經常就近請益、照料真可。

真可入獄後，晝夜不倒單，還日日為曹學程、吳彥先等人講述佛法。在《紫柏尊者全集》卷首中所收錄的〈圜中語錄〉，就是當時獄中說法的內容，由浙西儒生吳彥先在獄中紀錄。郢中（湖北江陵縣）許多文學之士，也經常出入獄中，與真可「闡抉儒釋性命之淵奧」，而真可每每能夠「如河決川委，隨宜說偈，衝口而成」，最主要的乃是「渠渠以佛法勸發一眾」。

刑部於十一日對他進行了復審，並施以杖刑。有史載：「傳送刑部對如初，有郎官嫉師者同鞫，故令杖。」有平素側目嫉恨真可的人參與判決，因此下令施予杖刑，想置真可於死地。結果真，可遭到杖打三十竹篦的酷刑，受杖之後仍然盤腿趺坐，回到福堂還寫詩〈臘月十一日司審被杖偈〉，記述被杖打的心情：

三十竹篦償宿債，罪名輕重又何如？痛為法界誰能薦，一笑相酬有太虛。
坐來嘗苦虱侵膚，支解當年事有無？可道竹篦能致痛，試將殘骸送跏趺。

由這首詩可以得見真可豁達開朗的心地；他的修行已能突破身體的障礙，無不表現出一位大修行人的氣宇！明代杖刑極其殘酷，受刑者不死即殘。對於真可的受刑，吳彥先曾說：「及被訊，以衰殘歷諸刑苦，凡侍者皆心欲落，而師雲閒水止，了無一事。」可知刑部對真可用刑不止一次，而且極為殘酷。然而，真可畢竟是個剛毅、有修為之人，面對大刑不僅不為所動，甚至還神色自若地為曹學程等人說法。

十三日，刑部以「沈令譽、達觀、賈（戒）山等以流棍遊僧而潛住京師，交通煽惑」等由，要求神宗「相應嚴究，分別正法」（《妖書志略》），獲準。十四日，刑部根據神宗的旨意，擬出罪狀；真可聞知後寫有〈十四日聞擬罪偈〉：「夙業今緣信有機，南中蓮社北圜扉；別峰倘有人相問，師子當年正解衣。」

十五日，刑部宣布定案，真可被判有罪。根據《刑部奏議》，刑部認為真可罪狀有：

一、所謂的前罪，即真可在京城各寺廟遊住，奏造《高僧傳》及《傳燈錄》、《續藏》等經，廣開騙局，與徒弟沈令譽、戒山等相聚成群，「假捏說法，鼓動眾人俱要叩首參禮，布施貲財無數」；以印造藏經為由騙得銀兩，「托徒戒山發與別卷王朝卿，在固安縣買地二十頃，積有子粒二千餘石。」

二、續妖書案後的罪狀，即真可營救憨山一事。《刑部奏議》記載此事云：「先年內官張本詐傳詔旨，僧人德清私創庵觀等不法事被耿義蘭告發；最後山東司將張本擬斬，德清發廣東充軍。為解救張本、德清，達觀寫有一書，托沈令譽帶給內官閻鑾，商量營救之事。」

根據以上罪狀，刑部尚書蕭大亨認為：「達觀假空門為騙局，托說法為奸媒，聚眾結黨，實繁有徒；鼓舌搖唇，恣行無忌。遂使承風參拜者比肩，希福舍財者接踵；高明為之熒惑，愚蠢聽其指揮。醞釀禍端，敗亂風教，有識共憤，聖世所必誅也。」遂以「達觀所犯，合依左道亂正，集眾佯修善事，煽惑人民，為首者律絞」為由，向神宗建議將達觀「秋後處決」，得到神宗認可。

值得注意的是，最初真可被康丕揚彈劾時，所指真可救憨山一事，並未作為最終擬罪的依據，而是以其前罪——即以真可游住京師、聚眾說法、布施斂財買地等為依據定罪。對此，真可的弟子陸符評論云：「獄詞無可按，特以救清公書謂語連朝廷，欲引子罵父律；不果，竟擬坐左道。」憨山則認為這是「執政欲死師」。二人的言辭都透露出該獄背後另有隱情。

真可熬歷諸般非人的刑苦，在聞知司法定罪結案之後，坦然寫下〈十五日法司定罪說偈〉：

一笑由來別有因，那知大塊不容塵；

從茲收拾娘生足，鐵橛花開不待春。

從偈語中不難看出真可對世法的失望，同時也預言了自身不願再住世的辭世訊息。

從十一月二十九日真可被捕，到十二月十五日判罪，期間只有短短十五天，飽受嚴苛酷刑。如此重大的案件，就這樣草草地結案定罪，由此可窺見明末政治的黑暗及司法的草率。對執事者有意置自己於死罪，真可徹底失望，並深切感慨：「世法如此，久住何為？」

十五日，真可在獄中曾經合掌說偈，緩慢地對吳彥先說：「道人將去了！」吳彥先聽到這話，錯愕地殷勤求請真可以法道、眾生為念，求真可住世；真可卻笑著回答：「去得快，來得快！」於是為浙江一位何姓居士說了一首「轉生歌」，吳彥先在倉促中沒有即時記錄下來。

## 坐化如脫敝屣

十六日，在坐化之前，連說偈：「事來方見英雄骨，達老吳生豈宿緣；我自西歸君自北，多生晤語更泠然。」等九首，末尾附記：「手字致江南諸法屬等，各各自宜堅持信心，老朽休矣！不得載見，特此為別；付與小道人持執示覽，護持三寶。棱（楞）嚴徑山刻藏事，可行則行，不可則止。癸卯年十二月十六日。」叮囑侍者小道人性田說：「我將要離去了，非常感念江南諸護法的護持！」性田聽了大哭了起來，真可喝斥他說：「你跟隨我二十年了，怎麼仍然如此看不破呢！」

關於寺院的興復與方冊經藏刊刻工作，真可有不少地方得力於江南居士的協助，故臨終時仍不忘感念江南諸居士的護持。

十七日，天剛破曉，監獄的門打開，真可忽然出戶仰視著天空說：「現在是辰時了！」呼人送薑湯淨口，連稱「毗盧遮那佛」（大日如來）佛號數聲，就地而坐，眾人驚訝地扶他在榻上坐著；此時真可閉目不語，如入禪定般。

曹學程聞報而至，立刻趨往榻前，大呼：「去得好！」真可聽到他的呼喚，又睜開眼睛看著曹學程，微笑道別，手扶著雙足趺坐自在而逝；一時，獄中香氣不絕。

真可坐化的時間是在明神宗萬曆三十一年（一六〇三）癸卯十二月十七日辰時，生於嘉靖二十二年（一五四三）癸卯六月十二日，世壽六十一，法臘四十一。

真可一生的修道過程，不了解的人會抱持著半信半疑的態度。不過，在人生的最後階段，他被陷獄中，面臨生死關頭，仍泰然自若，擇時趺坐脫化，展現其真實的修行功夫；聽聞到這些事蹟的人，無不稱歎與佩服！

真可曾說：

怕死不怕死，不在口硬；但臨期出脫，看他便了！

他一生精進修持，看破生死，將這四大假合的身軀，視為敝屣般毫無價值，絲毫不留戀，能夠在臨終時生死自在、現身說法。這是什麼原因呢？

真可平日常常教人持誦〈毗舍浮佛偈〉。憨山有一回曾問他：「師還持誦〈毗舍浮佛偈〉嗎？」真可回答：「已持誦二十多年了，一句半已熟透了；如果能熟透兩句，對於生死之事就不需要再憂慮，可以自在無礙了！」真可最後能如此自在，心無罣礙地安然而逝，應是因為經年累月持偈不輟的實際效果，如法語中所說的：「持偈千百萬遍，自在受用現前。」

由此證明，他能棄捨一般人執著最深的身見，「如脫敝屣」般來去自在，修行證悟已達到非常高深的程度了，非一般凡夫所及。

真可遷化後，屍體並未立即被收葬，而是在戶外風露中待命六日，任憑風霜塵沙的摧殘，盡顯淒涼；奇特的是，他的神色依舊和生前一般不改變，「儼然端坐，神采煥發，現光明狀」。曹學程與其他獄中的人，看到這樣奇異的示現，無不稱歎，焚香頂禮，念佛聲浩浩不斷。

出獄後，弟子遵照真可生前的遺言交代，不將遺體龕斂，而是遷徙至北京城西郊的慈慧寺外，用浮葬的方式——就是棺木不埋在地下，而是架空放在地面上，在棺木邊用磚石砌起。

靈骨歸於文殊臺

萬曆三十二年（一六〇四），春夏之交時大雨連綿不止，京城淹大水，直到秋天才停歇，弟子擔心肉身遺體會浸泡在水中而有所損壞；然而，開啟棺木時，只見真可的肉身安然不動、端坐如生，絲毫不為大水所害。弟子們看了淚如雨下，如佛陀重現於世間，無不感歎並頂禮膜拜真可的肉身。消息傳出，京畿為之震動，議論紛紛。

真可的朋友陸西源，想要將真可的肉身運回南方。這時，《圜中語錄》已經刊行流通至江南；根據真可在臨終寫的九首詩偈之一曾云：「怪來雙徑為雙樹，貝葉如雲日自屯。」因此認為真可欲歸骨徑山，與經藏刻印場相始終，所以眾人議定奉龕歸於徑山寂照庵；憨山特別囑咐弟子大義，奉龕南還。沿途前來膜拜頂禮的人絡繹不絕。

在經過北京城通州的潞河時，監察御史馬經綸對於當時的「兩大教主」

——真可與李贄——先後蒙冤入獄罹難之事，感到非常哀慟，啟龕時在真可面前痛哭流涕。一路經過江蘇鎮江京口、金沙、區阿這些地方眾多弟子的護送，九月秋天時，奉靈龕歸葬於徑山寂照庵，此即刻印《嘉興藏》的所在地。

弟子先葬真可全身於雙徑山後，過了十一年，萬曆四十三年（一六一五）冬，曾與真可有過往來的吏部尚書朱國禎前來瞻禮紫柏塔，發現裡面有水滲入，囑弟子法鎧開啟；果然，真可肉身已浸泡在水中，但仍未腐爛。此時雖離真可坐化已十三年，然其肉身絲毫不壞，宛如在世，可謂奇事。

法鎧於是將真可之龕先移至開山，又與真可的俗家弟子繆希雍（一五四五至一六二七）商議，另外在徑山五峰之內選擇地點，於大慧塔之後建塔，即開山第二代之左的文殊臺，並預定好茶毗（火化）的日子——即隔年之萬曆四十四年十一月十九日，二十三日歸靈骨於文殊臺。

當真可於獄中坐化，憨山聽到真可逝世的消息時，便想趕去弔唁；但因路途遙遠，未能如願。次年，憨山受累，再次被遣回雷州。對於真可罹害的救援及坐化後的浮葬事宜，憨山都無法出力。萬曆三十四年（一六〇六）八月，神宗的長孫誕生，朝廷大行恩赦，凡在充軍的老年有病者及有錯貶的，都聽其辯明釋放，憨山也在釋放之例。

隔年，春三月，憨山遷籍回曹溪，在山中常為弟子說法。一直到萬曆四十二年（一六一四），慈聖皇太后賓天，憨山啟建報恩道場，對著皇太后靈位，再次披剃謝恩，脫去俗裝；年近古稀的憨山德清，這才重新穿回僧服，正式結束他的流放生涯。（憨山於萬曆二十三年、五十歲時入獄流放後，被迫削去僧籍、令蓄髮，至六十九歲方返僧服。）

萬曆四十四年（一六一六），正是奉龕回徑山的十二周年；憨山難忘法門友誼，一直想親自去弔唁。聽聞了荼毗的日期，他便離開湖南，經過武昌九峰山、九江登廬山、潯陽遊東林寺、安徽九華山等等地方，一路上會好友、談佛法，最後到達徑山寂照庵。

十一月十九日舉行荼毗儀式，由憨山主法，真可生前的僧俗弟子都來與會。憨山撰寫〈祭達觀大師文〉來弔奠這位至友，做為最後的告別，應驗了真可生前囑咐憨山：「吾他日即先公死，後事囑公」的預言。要荼毗時，憨山念著其所撰之〈為達師荼毗舉火文〉：

性火真空，性空真火。狹路相逢，定沒處躲。恭惟紫柏尊者，達觀大和尚，偶來人世，誤落塵寰；赤力力脫盡娘生布衫，光爍爍露出本來面目。荷擔正法，純剛煉就肩頭；徹底為人，生鐵鑄成肝膽。死生路上，直往直來；今事門頭，半開半掩。六十餘年，松風水月襟懷；千七百則，兔角龜毛拄杖。饒他末後風流，未免藏頭露尾，撇下賊私。誰料落在憨山道人手中，今日特為人天眾前，當場拈出，大眾還見麼（以火把畫〇相云）拄杖挑開雙徑雲，通身涌出光明藏；珍重諸人著眼看，者回始信無遮障。

荼毗之後，留下了無數的舍利。二十三日，憨山親手撿拾真可的舍利，收藏在文殊臺，世稱「紫柏塔」。弟子法鎧建了一座塔，憨山並撰寫一篇〈達觀大師塔銘〉刻在塔上，歷述真可一生事蹟，以盡生平法門之義。

在真可歸藏徑山之後，憨山又主持審閱他的生平著作之事，並為之作序。在憨山與眾弟子的努力下，《紫柏尊者全集》於天啟年間付梓刊刻。《全集》收錄真可的法語、經釋、序跋、銘傳、書信和詩歌等三十卷，均收入清《乾隆藏》。在康熙二年（一六六三）時，錢謙益又另集《紫柏尊者別集》四卷，卷末附有《附錄》一卷。《別集》則補收了《全集》所未收的雜文、贊偈、詩、書問、語錄和附錄等。

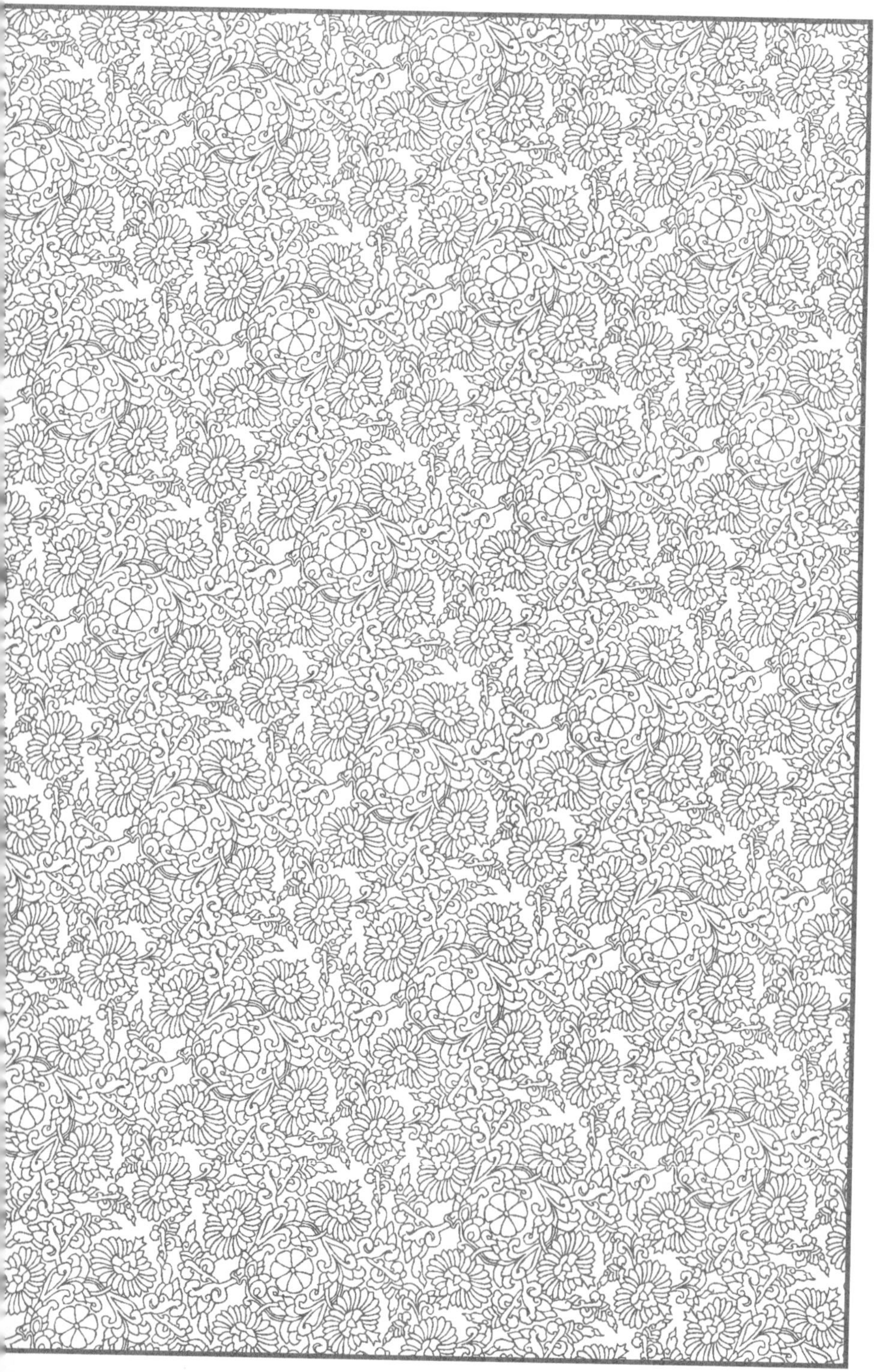

# 影響

# 壹・著作

今觀其法語，精悍決裂，猶足令頑夫廉、懦夫立，柔情魅骨，不覺冰消瓦解。幸細細留心，必羹牆寤寐見之。

目前收入藏經，真可的著作有《紫柏尊者全集》、《紫柏尊者別集》、及《長松茹退》三種。其中《長松茹退》，曾經有單行本的發行，後又收錄於《紫柏尊者全集》中。

## 著作集結過程

真可秉性瀟灑、快人快語、笑看生死，很少刻意著書立說；一生沒有上堂普說、示眾等語錄，只是經常隨緣在參請時或信札中開示。在《紫柏尊者全集》

中，除了卷九收錄的《長松茹退》一書，與卷二十三、二十四的書牘外，其他都是弟子隨處筆記，記錄下的法語。關於此點，憨山在〈紫柏老人集序〉中也有寫道：

以自性宗通，故隨機之談，如千鈞弩發，應弦而倒，無非指示西來的意。稱性衝口，曾無刻意為文也，一唾便休，弟子輩筆而藏之者什一。

弟子三炬也曾說：

大師應機說法，隨緣拈舉，不假安排，俱從第一念中流出。惟期與人共明此大事，原無意於文字語言。凡所開示人者，即令其人代書，書必隨手攜去，大師未嘗再一寓目。故其中意旨，或多重複，即累字疊句，亦復不少。惜當時未有專掌書記者，微言妙義，散於四方多矣。

由此可知，真可作品的集結，就如同《論語》一般，是他平日應機說法、弟子各據所聞而記錄，日後再集結成書。以這樣的方式，在文辭上難免會有重複，在資料的彙整上多少也會有所漏失。

查真可作品集結刊印的時間，根據憨山在〈達觀大師塔銘〉中記載：「以師未出世，故無上堂、普說。示眾諸語，但就參請機緣開示，門人緝之，有集若干卷，梓行於世。」憨山此銘寫於萬曆四十四年（一六一六）；在此之前，真可的作品已經付梓刊刻流通於世間，該書的卷數與內容則沒有詳細記錄。

到了天啟年間，又有弟子仲櫜、潤甫等人，收集江南諸護法的筆記資料，請憨山校閱而成《紫柏老人集》十五卷刊行於世，在弟子的序言中又稱為《紫柏大師集》。《圜中語錄》一卷在真可坐化後，不久已刻成流通。此二書就是《明史·藝文志》中所收錄的《紫柏語錄》一卷及《紫柏老人集》十五卷。後又有金壇于氏合《圜中語錄》與《別集》而成十六卷，即今日的《紫柏尊者全集》。

金壇合刻的十六卷本，並不是真可全部的遺作。據顧大韶在〈跋紫柏尊者全集〉所言，真可弟子法鎧收集的資料為《紫柏集》，顧大韶校定為二十卷本；相較之下，金壇十六卷本內容有缺漏，並不是真可遺留資料的全部；至於其間的實際差異，就不得而知了。

金壇十六卷合刻本問世後，崇禎甲戌年時（一六三四），錢啟忠、沃心甫認為《全集》的卷帙大過繁重，又另外選錄四卷編成《紫柏老人集鈔》；後又有四明的陸符將之刪定為四卷，名為《紫柏心要》。

此外，康熙二年（一六六一），錢謙益又另集《紫柏別集》行於世。由上可知，錢謙益編纂《紫柏尊者別集》的目的，是在收集真可中年之作，補金壇刻本所缺漏的內容，薈萃而成。

雖然《紫柏尊者全集》與《紫柏尊者別集》蒐集了真可的主要作品；但是，《吳都法乘》（明周永年所撰三十卷）中所收錄真可的著作及相關文章，《全集》與《別集》也有多篇沒有收入。可見，《全集》與《別集》的資料還是有一些缺漏。

# 著作內容簡介

## 《紫柏尊者全集》

《紫柏尊者全集》在《嘉興藏》、《乾隆藏》與《卍續藏》中均有收入，是目前收入真可作品最完整的一部。根據《卍續藏》本的次序，內容如下：

卷首，除收入真可〈圓中語錄〉外，還包括德清的〈塔銘〉與眾人的序跋。

卷一至十，收入真可開示的法語。

卷十一至十二，為解經之作，共計收有〈心經說〉等十一篇經解。

卷十三至十五，為緣起、疏、序、記、文、題、跋等文章。

卷十六至二十，收錄佛家特有的拈古、佛贊、菩薩贊、頌古與偈語等作品。

卷二十一至二十二，收錄雜文，包括雜說、字說、雜記、解易與銘傳等。

卷二十三至二十四，為真可與僧俗書信的集結。

卷二十五至二十九，真可韻文之作，形式包括五言古詩、七言古詩、五言絕句、七言絕句與歌行等詩體。

## 《紫柏尊者別集》

《紫柏尊者別集》是於康熙二年時，由錢謙益纂閱、徑山寂照的契穎付梓而成。該書刊刻的動機是在補《全集》資料所欠缺者，共計有四卷，卷末有附錄。各卷內容如下：

卷一，收錄錢謙益〈紫柏尊者別集序〉，以及真可經解、疏記、序跋、祭文等雜文著作。對於真可思想的研究，提供了補充的資料。

卷二，是贊、偈、詩等作品的收錄。

卷三，收錄真可與師友間的信札。這些豐富的書信資料，不僅說明了真可與師友之間的交往情形，同時也是研究真可生平與思想的重要資料。在與馮開之的二十三封書札中，其中有一封留存有「癸卯三月初七日」的註記，這一年正是真可坐化之年；真可於書信中歷陳一生的志向與對生死的看法，深沉痛切，將自己的心路歷程表露無遺。

卷四，是真可對於弟子信眾的開示記錄；卷末附其所定的〈禮佛儀式〉，儀式中禮敬一切諸佛菩薩、諸宗尊者，是他融通諸宗思想的最佳說明。

書末的附錄，則收錄了有關真可著作的序跋文，對於瞭解當時真可作品的刊刻與流傳情形，頗有助益。

此外，尚錄有〈東廠緝訪妖書底簿〉，是東廠審理真可牽涉妖書一案的記錄。此一資料原為當時的司理陳矩家所藏，是相當珍貴的第一手實錄；文中不僅將真可在獄中從容應對、不屈不撓的精神展現無疑，同時也是研究明末「妖書事件」及明代司法審理的重要資料。

## 《長松茹退》

《長松茹退》有上、下二卷，是真可唯一的親筆著作。「長松」是館名，位在潯陽城中高處，離廬岳不遠，前後左右植有松樹。此館是江州邢懋顒、懋學兄弟為供養真可所建。真可每過潯陽，多住於長松館；萬曆二十一年至二十二年間，更有一段時間常住於此，《長松茹退》就是他在此時所寫下的著作。

邢懋顒在〈長松茹退跋〉中言：

乃合掌頂禮而白師：「……竊計眾生，根鈍如小子者不少，強為我著千萬言，令彼鈍根者有所解入，實覺山之雲梯，苦海之寶筏。」師曰：「善哉！」遂意到筆隨，不三日得百十有九章，自以為無當，目曰：「茹退」。

據此，《長松茹退》乃是真可為邢懋顒所請，在三日內所完成的著述；其名為「茹退」，則是自貶之意。真可在自序中說：「書曰：『茹退』者，乃自貶，非暴耀也。」至於「茹退」的意思，據當代學者陳垣的《中國佛教史史籍概論》指出：

「茹退」出《楞嚴經注》，牛糞也。王志堅《表異錄》九，謂「《楞嚴經注》以牛糞為茹退，二字新」，其義蓋取於此。

《長松茹退》今所留傳之版本有二：一是萬曆年間的寶顏堂祕笈本，二是民國初年的石印本；而石印本亦是根據寶顏堂祕笈本所排印而成，故今所見之《長松茹退》單行本，均源自於寶顏堂祕笈本。除了單行本之外，《長松茹退》也收入在《紫柏尊者全集》卷九當中。

《長松茹退》一書的內容廣論生死、心性、情理等問題，並述及儒釋道三家的義理，旁徵廣引，強調三者之間的融通不悖。書的形式為筆記體，每條或長或短，少則四五十字，多則三四百字；雖然只有上下二卷、一百餘條，但是大抵已能表現出真可思想的主要精神。

此書是真可生前唯一的論著，內容涵蓋廣泛，雖廣徵博引但不失簡潔，一如他直截淨爽的說法風格。

## 著作風格

真可作品最大的風格在於文字的精簡切要。真可說法不迂迴矯飾，明白簡要，直探問題核心；同時，由於他的學行圓融，使其文字並不會因直截而顯枯燥，反而有種爽朗遒勁的風格。

真可的個性剛直，其與人言不論對方的身分高低，言語都直接了當、當下棒喝，往往令聞者汗溼泠然，具有相當大的啟發作用。同為明末四大高僧之一的藕益智旭，在其所著《靈峰宗論》中就曾如此形容：

《紫柏集》點完……今觀其法語，精悍決裂，猶足令頑夫廉、懦夫立，柔情魅骨不覺冰消瓦解。幸細細留心，必羹牆寤寐見之。

真可的人格形象及其文字獨具的特色與感染力，使得從天啟至康熙短短的四十餘年間，他的語錄、文集就有數種版本、付梓多次。

真可的說法尚簡、尚潔，其散文文筆清晰自然，這也表現在其韻文文體的運用上。在《紫柏尊者全集》中所收錄的韻文，除了佛教常用的贊、偈外，還包括一般的詩體；不僅在形式上的運用極具變化，同時數量上亦相當豐富；內容上則包含了說理、寫景、詠懷、弔亡等，取材極為廣泛。以下茲引數例，以說明真可的詩風。

〈瀑布〉：

誰家千尺素絲抽，高掛雲端永不收；已悟源頭來處遠，肯將根腳混常流。
從他妙手應難剪，許我閒心分自投；此去定當歸大海，待看波浪潑天浮。

〈雙劍峰〉：

雌雄誰把插丹霄，時有光芒拂斗梢；

若使老僧拈起用，世情斬斷沒絲毫。

〈九江舟行〉：

春風楊柳問前途，南北關山萬里孤；

一片明月照江水，此時心事有中無。

〈泊湘中〉：

日暮停舟處，蒼茫古渡西；雲霾江上月，雨濕客中衣。

行侶鄉音異，鄰船燈火微；故山千里隔，迢遞不勝悲。

〈弔無邊師〉：

紛紛桃李鎖寒雲，桂折秋風不忍聞；

莫使餘香飄澗底，暗隨流水出前村。

〈瀑布〉與〈雙劍峰〉二詩中所表現出的磅礴氣勢，正是真可剛猛性格的最佳寫照；〈九江舟行〉中蘊含無限禪味；至於〈泊湘中〉與〈弔無邊師〉，則是真可懷鄉、懷友的心情體現，細膩而真摯。

不論是何種詩體、內容，真可都有著極為出色的表現，其詩才在明末僧侶中是相當特出、少見的。他隨手拈來即佳句的詩才，對於他和江南文人的交遊具有極正面的影響力；關於這一點，由《全集》、《別集》中所收錄一定數量的贈別唱和之作，可以得到佐證。

不過，審視自己在詩文上的表現，身為一個禪者，真可卻曾經感慨道：「惱亂禪心魔是詩，怪將歲月廢浮辭。」

# 貳・思想

故吾勸出家在家，有志於斷生死、割煩惱者，於毗舍浮佛偈能信持之；持久熏熟，則身心執受之障，終有消釋時在。

## 禪法思想

真可的思想是以禪法為中心；在禪修的實踐上，趨於「頓悟漸修」。就禪修的方法而言，真可主張參究話頭，證悟自心。他特別重視持誦佛偈，以〈毗舍浮佛偈〉為禪法的根本源頭，以及禪修的基本工夫。除了佛偈之外，還教人作空觀與不淨觀，去除身心執著。重視基礎禪法，是真可禪法的一大特點。

真可將一切世間與出世間法，都會歸在他的禪法思想體系中；因此，他雖有研經看教之說，又有會通的強調，但自始徹終都沒有失去禪者的基本立場。

真可相當重視實修的功夫。他自已終身奉行精嚴的頭陀行，剛猛精進，律身嚴謹。他的教法也格外嚴峻；對於弟子，不論僧俗，動輒棒喝交加，絲毫不假詞色，強調「參須真參，修須實修」，為明末疏狂的禪風注入一股嶄新的風氣。

## 禪修的理念

真可的禪修理念，最常強調的禪修至少具有下列幾項目的——

一是開佛知見。所謂的「佛知見」，乃是指徹悟諸法實相的真知真見。如來出世的一大因緣，即在為眾生開佛知見，使得眾生能夠證佛之知見，得其本來清淨面目。所有佛弟子，不分宗派，其學佛的目的都是在於開佛知見。真可道：

為佛弟子，若不以開佛知見為急務，

饒你勤苦累劫，非無漏正因也。

二是去身心之執。心、佛、眾生之所以有差別、或言眾生之所以無法了生脫死的關鍵，真可認為，就在於眾生無法看破身心的執障。真可云：

故修行人最初立念，雖為生死，到頭敗闕者多。大抵病在何處？不在聲色貨利，不在七情六慾，只在當人一箇臭軀殼子打不破，一點妄想心覷不透，便被生死魔所役。

而一切眾生，不能覺了身之與心，所以不能解脫生死煩惱之礙。若能覺破身心執受，眾生與佛無殊；若不能覺破身心執受，即諸佛亦安得自在哉？

有鑑於身心執障對於修行的障礙，對於身心執障的去除因而成為真可禪法中一個相當重要的目標。

三是了脫生死。真可言：

大丈夫情性關頭，若認得真了，則今日與直心爭競。害直心者，皆我善知識也。苟有此見，何妨惡衣惡食，了我生死大事去，豈弗樂乎？

禪悟之悟，所要悟的其實就是生命；瞭解生命的始末，是佛教最關切的問題。所謂「生死事大，無常迅速」；死之了脫與否，與心地的開通有著密切的關係。禪宗修行的意義，就是在心性的提升過程中，透視生命的意義，了然生死現象，繼而能主宰自己的生命，進而達到了脫的目的。

禪宗一般重「頓悟」，《壇經》更是以頓悟為主，而有別於神秀「漸修」之說。在頓漸的問題上，真可則主張「頓漸雙修」，因為「理可頓悟，情須漸除」；而「情」的漸除則在於聞思修三慧的熏發。他以《楞伽經》為例說明：

蓋《楞伽》，以八識、二無我、五法、三自性、轉識成智為宗。彼不達此義者，以為得心之後，再無一事矣。殊不知，道可頓悟，情須漸除；而鼻祖所傳之心，道也；《楞伽》所謂轉識成智之法，治情之具也。

真可認為，一個頓悟得道之人，並不代表當下已經轉識成智、證得無餘涅槃；因為，情識並不會因為頓悟而除盡；要待情識除盡之後，方能了脫生死。

## 強調經教的重要

於此，經教則成為轉識成智、漸除情識的重要依據。對於文字經教在修行上意義，真可有如下的說明：

夫般若有三種，所謂文字般若、觀照般若、實相般若是也；又此三般若，名三佛性：緣因佛性、了因佛性、正因佛性是也。嗟乎！娑婆教體實貴在音聞，有音聲然後有文字，有文字然後有緣因佛性；有緣因佛性，然後能熏發我固有之光；固有光開，始能了知正因佛性。

真可將三般若與三因佛性相配，以文字般若配緣因佛性。他認為，文字雖然非正因佛性，但是具有熏發的功能，可藉以了知正因佛性。他又強調：

正因佛性既變而為情，苟不以「了因」契之，則正因終不能會也。了因雖能契正因，若微「緣因」熏發之，則了因亦不能終自發也。緣因，即文字三昧之異名也。

眾生之所以與佛有二，主要就在於：正因佛性一變而為情之故，這也就是真可心性思想中「性為情礙」之說。若要開發正因佛性，則需要了因佛性的相契；然而，了因佛性無法自己發起，必須經由緣因佛性的熏發。

由此，真可將文字般若與緣因佛性相結合，意即表示：若要開佛知見，則必要由文字語言以入。因此，真可說：

> 佛弟子，不通文字般若，即不得觀照般若；不通觀照般若，必不能契會實相般若。

真可甚至以相當肯定且絕對的態度表示，要開佛知見就必須以三慧熏發。他說：

> 堪忍眾生之機，苟不以聞思修三慧熏發之，則其佛知見終不能開矣。夫開佛知見者，不可以巧智得，亦不可以苦行求，唯貴熏蒸開發耳。

對於「定、慧」之間的關係，真可主張「慧」能夠顯發本性、斷除煩惱，進而達到禪悟的境地。他肯定「無禪不智，無智不禪」的說法：

心力既全，乃能轉昏入明。明雖愈於不明，而明未全也。明全在於忘照，照忘然後無明非明，無非明耳，乃幾乎息矣。幾乎息者，慧之功也。故經云：「無禪不智，無智不禪。」然則禪非智不照，照非禪不成。大哉禪智之業，可不務乎？

有鑑於經教在禪修中的功用，因此真可對學人開示：

今人隨情起見，或專求生淨土，或持咒課經，謂之借緣熏煉，消融習氣。殊不知見地不透徹，淨土豈能親切？持咒課經，何異澆水增冰，總皆結業，毫無所益。

古德云：悟明後，方修行。然悟明之說，種種不同，有解悟、有修悟、有證悟。解悟者，從經教熏聞力久，心漸開通，又謂之依通識解。……今字泰即未能修悟、證悟，亦當閱熟一部教乘，以求解悟。其閒習氣，以熏力故，不求損滅而自損滅。然此亦必以證悟為心。

由此可見，真可不但否定經教會妨礙禪悟體驗之說。相反地，他肯定深入經教的必要，能使心性漸為開通，進而達到修悟、證悟的目的。而從行文中也可得知，真可認為，與其念佛、持咒，都不如由經教入手來得妥切。

同時，真可不僅要學人精通內典，也鼓勵學者學習世間法，以擴充度量。他說：

故學出世法，先要洞明自心，然後昭廓心境。窮內外典籍，而大其波瀾，則化風自遠矣，人天自嚮矣。學世間法，亦先要講明仁義，擴充度量，凡經世糟粕亦須嚼過，復加真實心地。行之既久，一旦臨事，自然接拍成令矣。

這段話並不是真可對在家居士的開示，而是對出家弟子的說法。他不僅要佛弟子深入經教，同時強調，就連世間外典、甚至「經世糟粕」也不應忽略。

他經常勸勉人要多讀書：

多讀書的人，終是近真。以其被佛祖聖賢言語，熏得此心熟了；熏得熟了，縱習氣不好，也漸漸熏得香。

可見，如真可這般重禪修與濟世者，對文字般若仍相當重視；由其大力倡印藏經，亦得見一斑。

至於明末禪者以「悟道在古德機緣不在經教」的說法，真可相當不以為然。他藉由禪宗初期祖師聽經開悟、以及傳經的事實，說明經教在禪宗的地位。對於禪門所強調的「不立文字」、「教外別傳」之說，真可言：

皖山、永嘉，並得教外別傳之妙，貴在坐斷語言文字，直悟自心。而《信心銘》、《證道歌》則千紅萬紫，如方春之花，果語言文字耶？非語言文字耶？……如此則語言文字，與教外別傳，相去幾許？

雖然皖山（僧璨）《信心銘》與永嘉《證道歌》的論作立場，與經教之作並不盡相同，但終究脫離不了語言文字的形式，真可便藉此說明語言文字與教外別傳之間實相去不遠。

以上是就經教在修行的意義上而言。若從其在心性上的意義來說，則是：

蓋一切文字語言，皆自心之變也。……合心也，廢亦心也。既皆是心，豈有心取心乎？心舍心乎？……文字如花，自心如春；春若礙花，不名為春；花若礙春，不名為花。惟相資無礙，故即花是春也。

在「心外無法」的觀點下，一切文字語言皆是一心所變現，心和文字語言相互為礙之說並不合理；因此，真可強調兩者的相資相助。

明代禪宗以臨濟最盛；臨濟自義玄以下，在教法上似乎排斥經典三藏，認為過於鑽研經教將有礙自心的證悟。但是，真可並不這樣認為。他認為，文字既然是自心的變現，當然就可以就文字而得心。故其有言：

是故有智者，即文字得心；心外了無法，文字心之光。

文字既是「心之光」，同時也是「道之光華」，自然就沒有摒棄的必要了。

## 禪修的方法

真可身為一個禪者，相當重視實際參究靜坐。從他出家當晚就靜坐到天明，自此以後四十多年，保持夜不倒單，又經常在風霜中露地而坐，及至在獄中趺坐而化等事蹟，都可以得到證明。

## 一、參話頭

真可將禪坐分為下劣坐、平等坐、增上坐三個層次：

坐靜有三品，曰下劣坐，平等坐，增上坐。

「下劣坐」者，但能舌拄齦齶，齒關謹密，雙手握拳夾脊，天柱挺堅不欹，以信力為主；或持半偈，或持佛號及咒，上有嚴師慈護，下有法侶夾輔，是謂下劣坐也。

「平等坐」者，初以識破根塵識三界為主，於三界始末，洞悉無疑。臨坐時，視身如雲影，視心如網風，別無作手；若能堅勁，昏散痛痒，自然剝落。或一坐半日，或兩三日，飲食不進，氣力仍舊，是謂平等坐。

「增上坐」者，是以洞徹本心為事，或以古德機緣，關技癢者，自然凝結不化，若負戴天不共之仇。我不欲瞋悶，而瞋悶塞破虛空，值得依正聖凡，合下盡翻窠窟。有此等志氣力量，累足蒲團，以刻超劫，而無超劫之心。到此時昏散無渠栖泊處，盡十方三世都盧是一箇話頭，炯炯然在前塞煞眉眼；忽然，心地有爆荳之機，不生欣喜，何以故？渠我故有，今適相逢，有何奇特？是謂增上坐。

由真可對於靜坐分三個等級的內容來看，應該是他自身參禪歷程的實修體驗。他將禪坐分為三品，每個階段有不同的目標——

「下劣坐」是禪坐的最初階段，僅具有打坐的姿態，是打坐必經過程，屬初發心修學與用功還未深入者；然而，有嚴師慈護與法侶輔助，比起許多人盲修瞎練、閉門造車，或親近邪師惡友，算是安全可靠得多。其最主要的用功處，在於增強信力。

第二階段「平等坐」，洞悉三界始末無疑，煉心相當得力。調身的功夫相當純熟，昏、散、痛、癢不再出現，一坐可以半天的時間，甚至兩、三日不用進食，仍有氣力。到這個階段之前，必然經過一段艱苦的鍛鍊，已經克服禪坐過程中所有的障礙，例如冷、熱、痠、痲、痛、癢等身魔，及憂、喜、驚、懼、昏、散等心魔。身心在這個階段時，它的韌度及作用增至相當的程度；到了「平等坐」的程度，才能負荷艱苦、緊密的參禪實修。

到了第三階段的增上坐，才是洞徹本心。真可說，在增上坐的階段時，如果參話頭參到疑情成片時，整個人被疑情團團困住，日常生活中，無論醒睡，無一時無一刻不在疑情之中，到了「盡十方三世都盧是一箇話頭」的境地；如果突然遇到機緣觸發，「忽然心地有爆荳之機」，心光發明，就是明心見性，達成參禪的最終目的。

至於見性之後的人會有甚麼改變呢？真可在〈示始光〉中說：

惟見性者，然後能率性；能率性，則無始以來，一切染習種子現行，無擇境緣順逆，自然任運而消。故曰：「見性人習氣，不消而消，不修而修。」

見性之後，能保持多久，就看行者悟境的深淺而定。

「參話頭」是宋代大慧宗杲所提出的禪法；他以話頭禪對治士大夫喜好玩弄文字的禪學，以及陷入沉寂的默照禪。到了明末，參話頭的禪法，已成為禪門的主流。真可也明確的提出：煉心必以話頭為椎輪（無輻的車輪）。他說：

或者以趙州無字為話頭，歷年既久，自以為生死順逆，念即話頭，話頭即念，無往而非一片。

參話頭是真可禪法中相當重要的法門，甚至有以佛號、咒語、華嚴的四法界、唯識思想等，藉以生起疑情，做為參究的話頭。看話頭乃是在「增上坐」階段，作為參究心性的重要工夫。

## 二、持誦〈毗舍浮佛偈〉

真可一生特別提倡〈毗舍浮佛偈〉的持誦。他說：

惟以〈毗舍浮佛偈〉為根本話頭，於一切逆順境上，綿綿不斷，歷時不昧，持誦將去。

「毗舍浮佛」，梵名Viśvabhu，又作毗濕婆、毗舍婆，為過去七佛的第三佛，《景德傳燈錄》即以七佛為傳燈之始。〈毗舍浮佛偈〉的內容為：

> 假借四大以為身，心本無生因境有，
> 前境若無心亦無，罪福如幻起亦滅。

真可又以前半偈特別的簡潔切要，因此常指示人持誦半偈；這也是為何於靜坐三品中，在提到下劣坐時，有所謂「或持半偈」。然而，何以要持毗舍佛偈？是因為：

> 殊不知，舍七佛偈，則禪無源矣。……若七佛偈，學者果能精而究之，方知禪不外偈矣。於諸祖機緣參而不悟，則恐又不若持偈矣。千經萬論，別無一事，不過說離身心耳。如學者，身心執受之障不能離，於七佛偈祖機緣，不能悟入，總謂之葉公畫龍。倘真龍現前，吾知其必投筆怖走矣。故吾勸出家

在家，有志於斷生死、割煩惱者，於毗舍浮佛偈能信持之；持久熏熟，則身心執受之障，終有消釋時在。又，身執受消時，涅槃現前；心執受消時，菩提現前。此二者，教中謂之二轉依果；蓋轉生死而依涅槃，轉煩惱而依菩提也。

真可認為七佛偈（註一）為禪學的源頭；並強調，若是久參諸祖悟道機緣而不能入者，不如直接持誦佛偈。真可認為，身心執障消除後，才可能了脫生死、轉煩惱為菩提。〈毗舍浮佛偈〉的「假借四大以為身，心本無生因境有」，是說先破身心之執；以佛偈為入手處，破除身心執受後，再進一步參究古德機緣，以明心見性。真可強調「參須實參、悟須實悟」，特別重視禪法的基礎工夫，不斷強調佛偈的持誦，故其強調：

假借四大以為身四句偈，此古佛之遺方也。若能頌千萬遍，則死生之根，不待拔而自斷矣。

在真可的法語、書信、題跋中，常見他對佛偈的提倡與解說。他不僅教人持誦，自己也持誦，可見真可對於〈毗舍浮佛偈〉的重視。陸符也稱他「教人專持〈毗舍浮佛偈〉，謂此偈是去來諸佛心印，禪之真源。」

## 戒律思想

戒律是佛陀為防止教徒邪非所制訂的戒法規律，不僅有制禁的消極功能，同時也具有體現佛法的積極作用。戒與定、慧共稱為三學，是實踐佛道的最根本基礎；因此，《華嚴經》稱：「戒是無上菩提本。」身為一個禪者，真可對於戒律最重視的是「性戒」，他說：

若以身受戒，身乃四大成。四大有歸復，則受戒者誰？若以心受戒，心乃四蘊成，三陰本受來，受從前塵有，前塵達本空，則受曾無得，受既不可得，彼三成兔角，諦推心受戒，如石女生子。若以合而受，身心既不立，將何為物合？吾以是知：以身心受戒者，不得戒本，戒本不得，終難永持。何以故？

> 非性戒故。性戒須貴悟明。非藉相受。

真可認為，身心本是和合而成；以此不可得的身心受戒，並無法得到真正的戒本，戒律自然難以永持。因此，他所重視的是「性戒」。

一般而言，所謂的「性戒」是指相對於「遮戒」、為防止本質的罪惡行為所成立的戒條，如五戒中的前四戒殺、盜、淫、妄者屬之。不過，由上述的行文可知，真可所指並非四波羅夷，而是「貴乎悟明」、「非藉相受」可得者。然而，其究竟為何？真可有更進一步的解釋：

> 乃僧之本源，則又基於性、事二戒。性戒者，洞明自性，決了無疑，即名性戒。事戒者，初則根本五戒，中則沙彌十戒，後則比丘二百五十戒。

由是而知，真可所謂的「性戒」，乃是相對於「事戒」而言。「事戒」是指一切的事相戒法，包括根本的五戒、沙彌十戒，以及比丘二百五十戒等。「性戒」則是《壇經》中：「心地無非自性戒」的「無相戒」；亦即禪門中所傳，洞明自性、決了無疑之「禪戒」。

「禪戒」又稱「一心戒」，以《梵網經》為開端，具體的內容則根據達摩〈一心戒文〉而立。《梵網經》卷下言：

金剛寶戒，是一切佛本源，一切諸佛本源。……是一切眾生戒本源自性清淨。

故知禪戒乃是以眾生之自性清淨為本。戒律原為一種道德規律，具有各種戒相；禪戒則是透過參究心性本源，在自性清淨心中安住不動，自然達到一戒不犯的境地。由於不具戒相，故惠能稱之為「無相戒」。

真可相當重視自性的悟明；因此，在戒律思想上，自然也強調「離相戒」（無相戒）的重要性；然而，這並不表示他不注重「隨相戒」（事戒）。在說到性戒與事戒的關係時，真可在授戒於僧智潭時說：

雖然如是，智潭若未知性戒，且守事戒；事戒積久熏炙覺性，終有開悟之日。

性戒雖然相當可貴，但一般人在未明心性之前，空談性戒是相當危險的，容易流於貢高我慢、狂妄不實。禪者的貢高我慢，也正是真可的佛門七大錯之一。（註二）因此，在未明性戒之前，以事戒為熏習是必要的。故真可言：

> 性戒、事戒，果能有如車兩輪，如鳥雙翅，保重不失，則運遠騰空有何難哉？

性戒除了持事戒為熏以待性覺外，真可還開示以持佛偈開性戒的本源：

> 授以毗舍浮佛傳法頌，開性戒之本源也。……於毗舍浮佛頌，始而能讀，讀而成誦，誦而無閒忙閒，則性戒有日明。

真可以持〈毗舍浮佛偈〉開性戒，與其禪法思想相互呼應，具有禪戒一致之意。

真可個性剛烈，教人修行的方法都相當威猛；參禪如是，念佛如是，持戒亦如是。為了加強初發心受戒修學者的決心，真可教人以發惡誓的方法來扶持戒心，且強調要於每戒之下一一發下重誓。他說：

> 又初心之人，謂之毛道凡夫，設觸境風逆順，心識飄忽，如墮鴻毛於康莊，

> 微風欻起，飄忽無定；故有志出苦持五戒者，若不發重大惡誓，痛制心識，偶觸境風，現行力故，染流易墮，淨岸難登。故古人自知染習濃厚，於戒戒之下，一一發大重誓，扶持戒心，使無飄忽。……自受戒後，苟不以惡誓怖心，願繩束縛，戒實難持，願實難發故。

除了以發惡誓以加強道心外，真可還以因果福報、戒神之說怖畏人心，以求達到戒律的嚴持。他說：

> 凡具諸覺而有生者，如於初根本五戒中，不持一戒兩戒，決不能生人中。……古人有曰：五戒不持，人天路絕。咦？人天路絕，且問汝舉足向甚麼處去？偈曰：五戒不持，人天路窮，舉足何往？牛馬胎中。……如戒有破，頭頭死路；我不敢言，爾痛自悟。

在一切的事相戒法中，真可最重淫戒，他說：

> 學人先要斷婬欲，斷婬欲之道，亦無多岐，但能識破自身，則眼前雖有西施之容、子都（春秋時代之美男子）之貌，自然忘之矣。

淫欲是一切眾生相續、生死流轉的最根本源頭。《楞嚴經》言：

胎卵濕化，隨其所應。卵唯想生，胎因情有；濕以合感，化以離應；情想合離，更相變易。所有受業，逐其飛沉；以是因緣，眾生相續。

真可在開示時也說到：因為父母與我之淫心俱動，三者因緣和合而有此身。禪悟的目的在了脫生死；而生死之所以流轉不休的原因，便在於眾生淫欲的發動。至於淫欲之所以發動的原因，真可認為就在於身心的執障無法識破。身心執障的去除，是真可禪修中一個很重要的目的；因此，他對於淫欲的斷滅最為重視。他說：「此根（淫根）未拔，生死難逃。」至於持淫戒之法，真可最常教人以不淨觀與持誦〈毗舍浮佛偈〉。

真可重性戒、強調去淫，教人以持偈及不淨觀的方式，以開顯自性、去除身心之執障。審視這些理念與方法，其實都與他的禪法思想相互呼應。因此可以說，真可的戒律思想，實具有禪戒合一的意義。

真可是一位十足的禪者，對於淨土念佛法門，他也是以禪宗的立場來看待。

## 唯心淨土

真可認為：

**心淨佛土淨，心穢此土穢；穢淨既在心，如何別尋理？**
但觀心未生，淨穢在何處？

他以「唯心」的角度，將極樂淨土視為唯心淨土，主張他方淨土不離此心。所謂淨土乃是自性之覺，唯心所體現；一念清淨心現前，當下就是淨土，唯心淨土只在一念淨想所感變。其實，淨、穢是心念的分別；如果現前這一念心不生起，哪有淨穢的差別呢？這就是禪宗強調心外無物、頓息一切分別的體證。

晚明佛教叢林「唯心淨土，自性彌陀」思想十分流行；而「唯心淨土」思想最早的提倡者，是唐末五代高僧永明延壽（西元九〇四至九七五年）。這種唯心淨土思想是中國特有的淨土觀，是在宋代確立下來的；有別於經典的西方有相淨土，為宋代以來淨土思想的一個重要觀點，其理據是《維摩詰經》的「隨其心淨，則佛土淨」，以及《華嚴經》的「應觀法界性，一切唯心造」。簡言之，只要明白自己原有的清淨心是本具的佛性、心土不二、心佛不二，則往生淨土實是自性中的淨土，得見彌陀是見自性本具的彌陀。

## 方便化城

真可指出，極樂淨土是為鈍根眾生而方便設立的「化城」，其於〈跋東坡阿彌陀佛頌〉云：

> 如眾生能善用其心，孰非無量壽覺？娑婆孰非蓮花淨土？必曰外眾生而得佛，外娑婆而生淨土，此為鈍根聊設化城爾。今天下請其入化城，則欣然皆喜；延之寶所，莫不攢眉而去。何耶？

眾生之外，還有他佛可得；娑婆之外，還有淨土，這只是為了度化鈍根的眾生而暫時方便施設的「化城」罷了（出自《法華經．化城喻品》），並非大乘涅槃的「寶所」。真可勸我們要善用其心，了知心佛眾生三無差別的道理，不在眾生心外覓一阿彌陀佛，也不在娑婆世界之外另求一極樂淨土。

真可的看法與《六祖壇經》所說的是一致的：

> 世尊在舍衛城中說西方引化，經文分明，去此不遠；若論相說，里數有十萬八千，即身中十惡八邪，便是說遠。說遠為其下根，說近為其上智。人有兩種，法無兩般。迷悟有殊，見有遲疾；迷人念佛求生於彼，悟人自淨其心。所以佛言，隨其心淨即佛土淨。

六祖惠能認為，所謂的「淨土」，對下根愚昧眾生而言是遙不可及；但對利根眾生來說，只要「自淨其心」，自然能作到「隨其心淨即佛土淨」，便不一定要教導眾生求生西方。如果不知自性清淨，一味念佛也不能奏效；把握禪宗頓悟的途徑，自證其心，則西方淨土就在當下。

## 參禪與念佛的比較

一般人都以為念佛法門容易、而參禪看教困難，真可卻提出不同主張：以為念佛求生淨土，易而不難，比之參禪看教，唯此著子最為穩當。我且問你，淨土染心人生耶？淨心人生耶？半淨半染人生耶？全淨心人生耶？若染心人可生淨土，則名實相乖，因果離背。若半染半淨生淨土者，吾聞古德有言：「若人臨終之際，有芥子許情識念娑婆世，斷不能生淨土。」若全淨心生者，心既全淨，何往而非淨土，奚用淨土為？如果以為念佛一著子，能勝參禪看教，豈非大錯！

真可就心的染、淨將一般念佛人分成三類：染心人，半染半淨人，全淨心人，並進而指出；所謂染心的人，即下品以下、造五逆十惡罪業之人；他認為，染心人能往生淨土是違背因果，名實不相合的。半染半淨的人，即中品以上、修五戒十善之人，雖有修善業，但煩惱習氣仍然很重；如果在臨命終時，情識種子現行，還眷戀娑婆，是不能往生淨土的。至於全淨心的人，即上品以上的人；心既然都清淨了，隨其心淨而佛土淨，哪需要往生淨土呢？

在此極力說明念佛法門成就的困難度，絕不下於參禪看教；這種批評，就修行上而言不能說不正確。淨土諸師，多主張臨終一心不亂，始能往生淨土；然而，對於一般根器的人，念佛要念到一心不亂，其實並不容易。

## 禪以助淨

念佛畢竟是當時盛行的法門；因此，真可也會向請法者開示念佛的方法，只是他的方法常結合了禪的修證。如何得到往生淨土的保證？真可的淨土論點可整理如下——

一者，不否定西方淨土，且欣慕極樂，厭離娑婆已經很純熟，行者「無論其罪業之輕重」，真可認為念佛往生淨土，在於「臨終的一心不亂」。要在臨終能夠一心不亂，「平日修持淨心的功夫」就特別重要。

二者，「平生念佛雖久，及至捨命，娑婆欲習不忘，淨土觀想不一」，而「念佛可以帶業往生淨土者，若以義而論之，往生必難」。

真可認為，一般人口念阿彌陀佛時，意念卻「神馳欲境」、攀緣五欲境界，對淨土的觀想就不專一；這樣的念佛，就是所謂的「散心念佛」。真可認為，散心念佛的人，臨命終時，想要藉著念佛的力量往生淨土，如「一星之火」；想拿這樣微弱不堪的一點點火，去把大海的水燒滾，這可能嗎？

小小的「一星」之火，比喻散心念佛的力量；而所謂大海，則比喻一般凡夫的業障。散心念佛的人臨命終時，不忘娑婆的欲習；這樣的人要「帶業往生」，真可認為「必難」——絕對是很困難的。因此，他認為，廬山慧遠大師先作《法性論》以破除身心的執著，再建白蓮社教人念佛求生淨土，這樣的步驟是正確的。

三者，要行者明覺法性，則必破身心執受及了知身與心皆非吾有。

真可沒有否定阿彌陀佛本願的「帶業往生」；但是，他認為帶業往生的前提，必須要明白法性的道理，才能破除對除身心的愛執，了知身體只是四大假合，沒有實體：而心只是因外境而起的，虛妄不真實的，沒有一個真實存在的我。如此方可能「帶業往生」淨土。

四者，真可認為，破除身心執受的最佳藥方，就是持頌〈毗舍浮佛偈〉。

破身心之方，莫若毗舍浮佛傳心前半偈，最為捷要。或先持千萬遍、五百萬遍、三百萬遍。持數完滿，徐為持偈者開解之，自然身心橫計，便大輕了。此計既輕，即以持偈之心，持阿彌陀佛，專想西方；至捨命時，則娑婆欲念，不待著力然後始空。

真可修禪，一生得力於持念〈毗舍浮佛偈〉，認為「此偈是去來諸佛心印，禪之真源」，這也是他最根本的修行方法。真可並主張，破身心之法，最快速有效的就是前半句偈：「假借四大以為身，心本無生因境有」，能夠持千萬遍、五百萬遍、三百萬遍，能夠持滿這些數，再開解偈子的意義內涵，自然身心的執著就會輕了許多，身心的愛著慢慢地淡泊，再用這個炯脫的心來念阿彌陀佛，專心致志憶念西方。如此一來，臨命終時，對於娑婆的欲念，不用太著力屏除，自然掃空，障礙消除，這樣絕對能往生西方極樂世界的。

## 夢中念佛

真可的念佛方法，教人在睡夢中也必須念佛。有一次，淨土行者海洲參訪真可，真可問他念佛常間斷否？海洲回答說：「合眼睡後，就忘記了」，真可聞此呵斥他道：

合眼便忘，如此念佛，念一萬年也沒幹。汝自今而後，直須睡夢中念佛不斷，方有出苦分。若睡夢中不能念佛，忘記了，一開眼時，痛哭起來，直向佛前叩頭流血，或念千聲，或念萬聲，盡自家力量便罷。如此做了三二十番，自然大昏睡中，佛即不斷矣。且世上念佛底人，或三二十年，或盡形壽念佛，及到臨時，卻又無用；此是生前睡夢中，不曾有念頭故也。人生如覺，人死如夢，所以夢中念得佛底人，臨死自然不亂也。

以上雖然是真可呵斥海洲一人的訓示，卻代表真可本人對於念佛行者的指導教學，可說相當嚴峻猛烈；要求行者不僅醒時要念，睡夢中也須念佛不間斷，即便大昏睡中也要不間斷。

真可為何嚴格要求夢中也念佛呢?他認為，一般人念佛，或是二三十年，或一輩子的修行，等到臨命終時，卻一點都提不起念佛的力量，原因就是睡夢中沒有念佛的緣故。如果平日夢中能念佛的人，臨命終時自然不會慌亂，可以提起念佛的正念。念佛如果能夠念到無功任運時，無論醒時睡時佛號皆不離心，自然不必擔心臨命終時佛號不起於心，而不能往生淨土了。

對於一些志向不專、信願薄弱的人，實在很難做到在佛前叩頭流血，念佛千萬聲；所以，這種念佛的方法非一般人能做到，非易行的念佛方法。如此地逼迫念佛，對於專心修持般舟三昧或念佛三昧的人，的確可以適用；但對於一般信眾，便不尋常了。如果體力心力都正常健康，加上生活在全部的修行狀態中，如此逼迫的念佛，已經近於參話頭的功效。

真可這種「夢中念佛」的主張，一方面是針對當時代念佛的弊病所發，另一方面則與他「脇不至席，四十餘年」、精進不懈、重視真參實修的個性有密切關係。

## 功夫勘驗

真可認為，念佛法門雖看似最為簡單方便——一句阿彌陀佛聖號，十法界一切眾生都因此而出離苦海，是不容輕忽的。但是，為何大多數的人都不能念到一心不亂？

他認為，一般念佛的人「心志不一」，沒有堅定的志願，心念常常都是跑來跑去、很散漫的；像這樣子散散漫漫、悠悠忽忽的念佛，千百人念佛，沒有一個人會成功。所以，真可強調的是「專心念佛」，認為以散亂心念佛並沒有多大作用。

如何勘驗念佛的人心志是否專一呢？真可說：

然念佛心真不真，勘驗關頭，直在歡喜煩惱兩處取證，其真假之心歷然可辨。大抵真心念佛人，於懼喜煩惱中，必然念念不間斷，是以煩惱也動他不得，歡喜也動他不得；歡喜煩惱既不能動，死生境上自然不驚怖。今人念佛，些小喜怒到前，阿彌陀佛便撇在腦後了，如何能得念佛靈驗？若依我念佛，果能於憎愛關頭，不昧此句阿彌陀佛，而現在日用不得受用，臨終不得生西方，我舌根必然破爛。你若不依我法，則念佛無有靈驗，過在汝，與我無干。

真可認為，勘驗念佛心真不真誠的方法，可於日常生活中，藉由歡喜與煩惱這兩種境界來判別。如果是真心念佛的人，念念不間斷，遇到這些歡喜或煩惱的境界，絲毫不會動搖，自然於面臨生死關頭時，不驚、不怖、不畏。反之，現在有些念佛的人，只要一些許令人喜怒的境界現前，阿彌陀佛便拋到腦後了，心念立刻隨愛憎喜怒的境界而轉；這樣的念佛，平時無法降伏煩惱，臨終何能往生淨土？

真可強調念佛必須達於一心不亂，於死生境上獲得自在，與禪的修持境界有很大的交集。勘驗念佛工夫的深淺，用以判斷臨終能否往生的情況，此仍是禪家的工夫。

雖然真可個人是以禪宗的法門修持為主，但對淨土法門仍然評價很高；在他給門下居士的信中，即曾鼓勵其真修淨土：「到家果能打屏人事，專力淨土，乃第一義。」他對見地透徹、真心念佛求生西方者，亦予以稱揚；像是對精進念佛的豆佛禪師就頗為推崇，曾為其寂後起龕、停龕、藏龕等作偈。在真可的著述中，也有〈淨土偈〉與一定數量的讚揚無量壽佛的文字。

在開示服水齋之時，「或以念佛為話頭」，即是以彌陀淨土之「阿彌陀佛」四個字，納入禪宗（尤指臨濟宗）參話頭法來使用的一種「看話禪」，將淨土念佛的功夫含攝於禪修的法門中。這種參禪兼念佛的方式，在明末非常盛行。

## 唯識思想

真可接觸唯識學的時間，約是在他二十多歲時遊學參訪的階段，在憨山〈塔銘〉中只作：「過匡山，窮相宗奧義。」至於他的修學師承就不得而知了。

真可非常鼓勵人學習相宗之學，在他的法語中也時見他對於唯識的闡釋。真可一生少有論述，卻有〈釋十二因緣〉、〈八識規矩〉、〈唯識略解〉、〈阿賴識四分略解〉、〈前五識略解〉等數篇關於唯識的專論，可見他對唯識的提倡。

# 贊同護法論師之思想

印度瑜伽派在世親（西元三二〇至四〇〇年）之後分裂為數個派系，最著名的是十大論師；他們彼此對於世親所傳之學，在認知上存在著一定程度上的差異。中國的唯識宗，是由玄奘自印度取經回來之後，由其弟子窺基所創立。玄奘學於戒賢，戒賢之學源自於護法（五三〇至五六〇）；因此，中國對於唯識的理解，也多是傳承於此，真可亦如是。在〈唯識略解〉中，真可表明他的立場：

> 安慧宗中，妄謂因中無漏五識，能緣真如；殊不知五識成智，必待第八識轉而為根本智，然後五識轉成所作智也。此中目此智為後得者何也？謂根本而後得也，以五識及第八識皆屬現量，果上同轉故也。彼謂因中五識未轉智而能緣真如，非妄而何？縱於果上識雖轉智，第能照俗而不能緣真如故。護法師曰：「果中猶自不詮真」，況因中乎？

安慧論師與護法論師約莫同時期。由於安慧與護法對於心識作用的主張不同，因而對轉識成智的見解也不同。安慧一派的學者認為：因中無漏五識不必待轉識成智，就可以親緣真如。護法一系則認為：在因位中，十地能變的第八識仍是有漏；因此，依第八識而隨轉的五根，就不能成為無漏；唯有在證得佛果、第八識轉為無漏的大圓鏡智時，依於無漏的五根才能轉成成所作智，也才能夠緣真如。

此外，雖然在佛果位上成所作智已現起，但此智仍然有所間斷，並不像其他三智般相續無間，故必須假「作意」的緣起，方得再行生起。這也就是《八識規矩頌》「變相真空唯後得，果中猶自不詮真；圓明初發成無漏，三類分身息苦輪。」之意。

對於八識轉成四智的過程與見解，安慧與護法有很大的差異；真可就是站在護法的立場上，反對安慧的見解。同時，他又強烈地批評道：

蓋安慧宗者，小乘不知有八識，所知者唯六識耳。六識既滅，似無分別，似現量用事，便謂無道可進。殊不知小乘所證者，全是無明，即第八識中不覺也。故安慧妄謂因中無漏五識即能緣；如此五識以大乘觀之，安得無漏哉？以其通善惡無記之性，小乘粗惡雖盡，細惡尚在，謂之無漏，可乎？謂之緣如，可乎？故大乘護法，以此二句破之。護法意謂：變相觀空，唯後得智可能；而後得智，且非因中可得，要待轉八識為根本智已，方得此智；所謂根本而後得，此是果上事，非因中薦得也。此智果上可以變相，亦不能覿體緣。如以根本智是實智，後得智是權智，實智可以緣如，權智可以應俗；權智果上，縱能緣如，不過變相耳，不能親緣也。然此五八，唯果上轉識成智，六七因中便能轉矣。如安慧言，妙觀察智因中緣如則亦可通；執無漏五識能緣者，大可笑也。

真可認為，安慧的說法只是證得小乘的無明境地，並非真正的佛果。簡言之，對於八識轉四智的問題，真可與護法一系所言的「六七因中轉，五八果上圓」的見解一致。至於落實到實際的修行上，真可則謂應該從第六識著手：

若就淨言之，六識作法空觀，即七識法執自伏。如六識作二空觀久，六識自轉為妙觀察智。久而精進，觀力漸猛，即七識我法二執，溶然冰銷，成平等性智。至於八識及前五識，化為大圓鏡智、成所作智；此二智在果上，一念相應時轉，不涉階級者也。前所謂三細六粗者，八識之異稱也。由是觀之，莫愁八識不成大圓鏡智，五識不成成所作智，但要六識上著得力、見得透，日積月深，自然轉識成智。六識既轉成智，不坐頂墮，加功不已，七識自然轉平等性智。此二智在凡夫最初發心，出世一念，至於第七地，是其收功也；至於八地、九地、十地及等覺，皆無功用到也。

真可在此提出：只要從第六識作法空觀，第七識的法執自然能夠消除。此二識一轉成智後，於第七、八、九、十地，以至於到達佛果的境地，則可續起純無漏而任運自在，故稱無功用道；八地以上，得任運無功用智，自在利生，稱為無功用地；第八識、第五識也就自然而然轉成智。因此，修行的關鍵就在於第六識；由第六識入達第七識，八識不待用功自然能轉，第五識也隨所依而轉。

以上是真可對於轉識成智的見解，其觀念都承護法一派而來。

## 融合「眞如」思想

然而，真可並非謹守中國古唯識家玄奘、窺基的護法派思想。在真可的心性觀點以及融通的思想傾向下，將「真如」、「法界」等性宗觀點與相宗之學相互融合。他說：

菩薩了知一切境界，意言變起；意言無體，不出唯識；唯識無體，不出法界。故以法界觀唯識，唯識即法界也；以唯識觀意言，意言即唯識也；以意言觀外塵邪執，外塵邪執即意言也。所以能物轉不為轉物耳。

又此六識粗相分也，若前五識，皆八識相分；相分即氣分也，非相分之相分也。此種種識，妙達法界，緣起無性，俱不動智也。

究本言之，八識四分，初無別體，特以真如隨緣，乃成種種耳。

所謂的「以法界觀唯識，唯識即法界」、「此種種識，妙達法界，緣起無性」、「特以真如隨緣，乃成種種耳」等，都是站在真如緣起的觀點統合性、相二宗。這種思想，是與明末的唯識環境相結合的。

明末的唯識學，深受華嚴宗四祖澄觀《華嚴經疏鈔》、永明延壽《宗鏡錄》、以及元人雲峰《唯識開蒙問答》的影響。在《華嚴經疏鈔》中，就圓教的最高境界而言，一切都是無盡法界，性海圓融，緣起無礙；一切的法相法性無不從法界流出，無不歸此法界，真心與妄心、八識與真如，根本都是同一法界體性，相合相成。

《宗鏡錄》承繼華嚴思想，主張以一心圓攝一切法，兼容禪教，融會性相。其以一心為宗，統收一切經教、八識四智、妄境真如，心、佛、眾生三者都無差別；分別性相之說，只是為了配合眾生根性的不同而已。《唯識開蒙問答》也不出永明延壽的影響，以心為宗，敷衍法相而會法性。

明末唯識學者對於唯識的研究多不能擺脫《宗鏡錄》影響，真可亦不例外。

因此，他才會有同等唯識法界、以八識為真如緣起等觀點之主張。

真可對於「四分」的解釋，與傳統的唯識思想就更加不同了。他說：

阿賴耶識等，大略窮其所由生，直以真如照極反昧，生滅與不生滅和合，謂之「證自證分」。即如醒人忽爾昏作人語，雖聞而不能了了，謂之醒耶？又不能了了，謂之昏耶？人語又聞，此之謂昏醒相半、迷悟之關也。此等時節，有人喚之，則昏隨醒矣，不喚則醒隨昏矣。醒既隨昏，而外不能了境，又不作夢，惟昏然而已，謂之「自證分」。此等時節，位無能所，冥然獨存也。少頃頓夢種種悲歡苦樂，據能觀而言，謂之「見分」；即所觀之所，即「相分」。或問曰：見相二分，前後生耶？抗然生耶？余應之曰：見相二分，謂之前後生者，現量之中，不許有無分別；纔生分別，現量滅矣，謂之抗生。則能所弗同也。

護法一系立四分之說，主要是在說明心識的認識作用：「相分」是事物的相狀，是識所緣的對象；「見分」是主觀的心識作用；「自證分」是相見二分的所依；「證自證分」是自證分的因緣作用，以證明自證分的存在。如《成唯識論》所云：

似所緣相說名相分，似能緣相說名見分。……相、見所依自體名事，即自證分。……復有第四證自證分，此若無者誰證第三。

真可於此解釋四分，緣以「真如照極反昧」、「生滅與不生滅合」解釋阿賴耶識，以之為證自證分；其中不難看出其受到《大乘起信論》的影響。《起信論》言：「所謂不生不滅與生滅和合，非一非異，名阿黎耶識。」阿賴耶識具有染淨、生滅與不生滅的雙重性格，是《起信論》與唯識法相的根本差異。性識和合的「非一非異」觀，實際上是在對性、相二宗予以調和；性相不二的立場，就是在「相」皆由心動而成，「非真如知識，無有自性」的真如一元論的基礎上得到統一。真可引用《起信論》的思想以釋四分，雖然與傳統唯識的立場相為離轍，但其中也有含有和合性相的意味。

真可以真如緣起的觀點釋唯識，以達到融合性相的目的；至於修行的方法，真可則主張：

夫真如隨緣之旨，最難明了；良以真如清淨，初無熏染，如何瞥起隨緣耶？於此參之不已，忽然悟入，所謂八識四分，不煩少檢，唯識之書，便能了了矣。

唯識學的特色就是在對心識作用作極精密的分析，這種分析是須透過經藏的深入、與師承的教授而達到目的。真可畢竟是一個重視參禪悟性的禪者，他要人將相宗視為話頭，以起疑情，進而參究不已；俟忽然悟入後，不須少檢，唯識之學便能自然明瞭。這樣的教法，自然與相宗的立場完全不同。

就真可而言，唯識應只是禪修的方法之一，而對於相宗之學的通盤瞭解，也成為了參禪悟入的必然結果。

真可雖然重視唯識之學，但是他更強調的是性、相、禪三者的調和。他說：

又相宗之書，無有通變師承，學一分加一分繫縛，故於性宗、禪宗上，和會不來。

真可認為，相宗之學沒有通變師承的最大弊病，就在於無法將相宗與性宗、禪宗和會。可見他對於相、性、禪會通思想的重視。

有鑑於相宗在明末的衰頹，真可相當提倡唯識之學。對於中國傳統的唯識學，真可有一定程度的瞭解，而以護法的立場批駁安慧；然而，在時代環境與性相和合的立場下，真可以真如緣起的觀點解釋唯識之學，故與傳統的唯識思想產生了一定程度的差異。在禪者的基本立場，真可以參禪起疑的方法參究唯識學，唯識成為了禪修的基礎。

## 華嚴思想

由於真可對於《華嚴》沒有專論，一般在論及明末華嚴思想及真可思想時，便較少提及這一部分。然而，真可和華嚴之間的關係實頗為密切，由以下兩件事可以得知——

一是，根據憨山〈塔銘〉的記載，真可在二十歲時，曾於嘉興見到僧人書《華嚴經》，他跪看良久後感歎道：「吾輩能此足矣！」之後就在景德寺閉關了三年。《華嚴》對於真可的思想，應具有一定的啟發作用。

二是，真可前後依遍融長達九年，深受遍融啟迪。根據《釋氏稽古略續集》之言，遍融因「證華嚴三昧，得大解脫法門。」由此可知，真可因受教於遍融，與華嚴思想之間亦應有極密切的關係。

對於華嚴思想，真可最常論及的就是華嚴的四法界觀，故以下先對華嚴宗的法界思想作一簡介，再論述真可的見解。

華嚴宗的法界思想是根據華嚴宗特有的緣起觀（法界緣起）而立。法界觀相傳是華嚴初祖杜順所創，「四法界」是三祖法藏在其師智儼的基礎下，以「一真法界」為核心所提出的四重法界觀。

由法藏《華嚴法界玄鏡》對於四法界的解釋，以及在《大方廣佛華嚴經金獅子章》以金獅子與金子的關係所做的比喻，可以得知，所謂的四法界是指：一、「事法界」，指一般的現象世界；二、「理法界」，指生起現象的共同緣起質性，也就是指向「空」理的真理世界；三、「理事無礙法界」，是指現象事物和真理之間圓融無礙的關係；四、「事事無礙法界」，是指一切事相圓融無礙的境界。此四法界又統歸於一真法界下，這是法藏的四法界思想。

至於真可對於四法界的理解，其解釋道：

夫《華嚴》大典，雖文豐義博，實雄他經，然其大義，不過四分，四法界而已。一念不生謂之理法界；一念既生謂之事法界；未生不礙已生，已生不礙未生，謂之事理無礙法界；如拈來便用，不涉情解，當處現成，不可以理求之，亦不可以事盡之，權謂之事事無礙法界。

由上述的引文可知，真可並非就著華嚴宗的法界思想以詮釋四法界，而是結合了禪與華嚴之說。禪與華嚴二者的相互結合並非真可的創見，唐代華嚴五祖圭峰宗密已經如此主張；宗密以華嚴為最高的教說，統一華嚴與禪，創立教禪一致論的學風特色。唐末五代永明延壽禪師則力主禪教並重，《宗鏡錄》就是他以「禪尊達摩，教尊賢首」為中心思想所編纂的修禪要文集。宋代臨濟宗楊岐派的大慧宗杲，也以華嚴思想架構他的思想，藉以充實禪宗的心性內涵。

值得注意的是，在對於四法界的詮釋中，真可改變了原來四法界的次序，將理法界置於事法界之前，同時把「理事無礙法界」變為「事理無礙法界」。在真可唯心思想的基礎下，其對於四法界的解釋如下：「理法界」是一諸法實相，不生不滅的寂然狀態，也就是真理世界的本然，即他所謂「無心」之意。「事法界」是念頭起動之後，唯心展現的世界，故真可將理置於事之前。

「事理無礙法界」，則是念頭未生與已生之間的協調不一。華嚴宗言「理事無礙」是以理為主，表明事依理而起，理能融事；而真可於此言「事理無礙」不言「理事無礙」，似有強調真妄同源、不相為礙之意。又，由他對事事無礙法界的解釋可知，事理無礙法界對於活潑生動的主體尚未展現；只有事事無礙法界，是不攝情解，當處現成的自性顯現。

對於真可而言，前三法界都未及禪宗的境界，只有事事無礙法界才是真正禪宗境界的展現。如他所說：

《大方廣佛華嚴經》，如來初轉根本輪。此輪轉不離四門，理轉事轉事理轉，事事無礙最幽玄，拈來便用無廉纖。離理無事波水同，事理互轉亦流類，若微第四事事幽。前三終未離窠臼，窠臼不離情不枯，情不枯兮智不訖，智不訖兮覺為礙，境風逆順難自在。理障事障誰為魔？覺不為礙事事快。

在四法界中，真可強調「前三終未脫窠臼」；因為他認為，即便是事理無礙法界也是「事理互轉亦流類」，在逆順之間仍然難以自在。因此，唯有「事事無礙最幽玄」。對於事事無礙法界的境界，真可說道：

唯華嚴大經，直轉根本法輪，凡有所依倚者，皆圓攝頓融總入法界，令其徹底無依，動寂任智，不落情量。即於生死煩惱海中，稱性治染，染盡淨除，聖凡坐斷，文殊為牛，普賢作馬，大行常然，事事無礙而後已。此名佛知見，此名最上乘，此名塗毒鼓，此名金剛子。

華嚴的事事無礙法界原本是要在海印三昧定中才得以顯現；然而，對於真可而言，事事無礙法界並不只限於此。除了徹底無依、染盡淨除的性質外，更具有大行常然，能夠滅盡學人貪、瞋、癡之塗毒鼓（註三）的性質。可見，真可所謂的事事無礙法界，乃是禪宗明心見性、開佛知見的展現。因此他說：

如見世界而不生一合相執，見微塵而不生多散相執，則迎賓待客，俯仰周旋，喫飯穿衣，屙屎放尿，無往而非法界也。

對於華嚴法界的相即相入、圓融無礙，真可也是站在唯心的立場去體認。他說：

若法界入法界，法界見法界，法界示法界，法界悟法界，總是名有多一，而實無多一也。如實有多一，則多多一一者，豈能多一哉？

法界雖然是多一的展現，但在「實無多一」的思想下，故真可言「豈能多一」。本來四法界是華嚴宗對於現象與本體（實相）的觀察；但是，就真可作為禪者的觀點看來，四法界似乎也沒有一一成立、個個分別的必要性。他說：

我聞華嚴有四法界，一曰理法界，二曰事法界，三曰事理無礙法界，四曰事事無礙法界。且道理法界現前時，事法界在甚麼處？事法界現前時，理法界在甚麼處？事理無礙法界現前時，事事無礙法界在甚麼處？若謂理法界即事法界，事法界即理法界，此便抹略前兩重法界了也，只成得個事理無礙法界；若謂事理無礙法界即事事無礙法界，則是釋迦老人開事事無礙法界，成個有名無實去。

至於，對法界理解與否的意義，真可將四法界與臨濟義玄的四料揀（簡）（註四）並論，他說道：

且道四料揀，與四法界是同是異？謂同，則饒你華嚴四法界，重重了徹，於臨濟四料揀中，又透不過。謂異，則臨濟所傳佛心也，華嚴四法界，所詮佛語也。……但眾生不悟自心，故不知佛心；既不知佛心，安知佛語？宜乎於四法界中，撞頭搕腦，左滯右礙，過在未明自心耳。且道如何是自心？懷州牛吃禾，益州馬腹脹，天下覓醫人，炙猪左膊上。咄！莫道是兩重公案，疑則痛參去。

在此，真可除了將四法界與四料揀一統外，還要學者對法界思想「撞頭搕腦」、用力「痛參」，將法界思想變成為參禪的話頭。於此，真可又將華嚴思想匯歸於他的根本禪法中。

## 會通思想

隋唐時，教派之間，彼此門戶見深，不相融攝。中晚唐以降，宗密、延壽等人，大倡禪教融合之說。到了明末，宗、教之間的融通，更是當時思想趨勢，真可也不例外。

教內的融會

## 一、融會「宗、教」

關於「宗、教」二字，其分判的定義之一為：「宗」是無言之宗，指離卻經教、以心傳心的禪宗；「教」是有言之教，指依大小乘經論而立之宗派，如唯識宗、天台宗、華嚴宗。真可認為，經教的熏發作用有助於禪悟的體發，他也主張宗與教的會通。他說：

宗教雖分派，然不越乎佛語與佛心；傳佛心者謂之宗主，傳佛語者謂之教主。若傳佛心，有背佛語，非真宗也；若傳佛語，不明佛心，非真教也。故曰：依經解義，三世佛冤；離經一字，即同魔說。

夫大藏，佛語也；而大藏之所詮者，佛心也。佛語如薪，佛心如火；薪多則火熾，薪盡則火不可傳。火不可傳，則變生為熟、破暗張明之用，幾乎息矣。

故傳火必待於薪，而火始有用；傳心必合於佛語，而心始無疑。

真可認為，「宗」出於佛心，「教」出於佛語，二者既然都同於佛，就不存在互相違背的問題。他更指出，宗教同源，宗或教任何一方都不能獨立存在，必須相輔相成。真可對於離經而參的禪法，斥為「魔說」；他要學人「精教明宗」，不偏廢任何一方。他說：

教不可不精，宗不可不明；教精則佛語我語也，宗明則祖心我心也。到此田地，即佛入儒，即儒入佛，終不相入，無可無不可，自知用處。

真可認為，宗與教具精，才能達到解佛心佛語的境地；自性清淨的佛性既已覺悟，日常生活中自然能夠生動活潑的應用。

對於經教的統一，真可認為：

蓋禪如春也，文字則花也。春在於花，全花是春；花在於春，全春是花。而曰：禪與文字，有二乎哉？故德山臨濟棒喝交馳，未嘗非文字也；清涼天台疏經造論，未嘗非禪也。

春、花之喻，是真可弘揚文字禪最重要的比喻。將文字與禪的關係理解為花與春的關係，這表明禪與文字不再是外在的表面比附，而是內在的不可分割。禪如果缺少了文字，就將如春天缺少了花兒一樣，春不成其成為春，禪亦無所謂其禪了。

對於一個開悟的禪者而言，禪與文字是沒有什麼差別的；因此，真可將德山、臨濟的棒喝視為文字，天台的經論則為禪；禪雖非語言文字，但是內涵於語言文字之中。這是禪宗史上對於文字功能與參禪悟道間的關係所作之恰當且精到的譬喻；中國禪宗史上，未曾有其他對文字經教之重要性如此推崇者。

## 二、融會性相

真可不僅主張會通宗教，在教門方面也主張性、相融會。在中國大乘佛教裡，強調法性一味之理的宗派，稱為「法性宗」；強調諸法差別之相的宗派，稱為「法相宗」。一般以三論宗、華嚴宗、天台宗、密宗等屬性宗，以唯識宗、俱舍宗等屬相宗。真可認為，不論是性、相之學，皆需精通，因為「性宗不精，則不免墮事障綣繢；相宗不精，則不免墮理障綣繢。」性宗與相宗的關係，真可以波水為喻：

慈恩本宗相宗，華嚴本宗性宗。性之與相，從來冰炭，不相入者，如何說同？若謂是異，相宗如波，性宗如水，波不離水而有，水不離波而顯，如何異說？戒賢，即唐奘師得法師也；戒賢傳彌勒之宗，其宗謂之法相宗。若天台、清涼，西土馬鳴、龍樹，皆謂之法性宗。法相如波，法性如水。後世學者，各專其門，互相排斥，故波之與水，不能通而為一。此曹皆以情學法者也，非以理學法者也。

真可以波水為喻，水因波而顯，波是水生起的現象，波離水即無所成，藉此說明性、相互為表裡的關係。性、相二宗壁壘分明的對立，實是學人的執見所造成，並非絕對如此。

## 三、會歸禪宗

真可雖然主張會通宗、教，於教門調和性、相，最後仍將性相教門會歸於禪門之下，以強調禪悟的重要性。他說：

性宗通，而相宗不通，事終不圓；相宗通，而性宗不通，理終不徹。事不圓，則不能入事，不成就三昧；理不徹，則不能入理，不成就三昧。縱性、相俱通，而不通禪宗機中不活；機不活，則理事不成就三昧，雖入不能用也。

性、相教門對真可而言，只是悟道的途徑，並不是最終目的。如果性相具精，對於卻禪宗不能通悟，在應機之中就無法活用；唯有通達禪宗，明心見性，才能顯發活潑自在的生機。

若夫瑜伽、唯識，乃極數之書也；華嚴、楞嚴，窮理之經也。數理俱精，如不透禪宗，乃葉公畫龍耳，豈能興雲作電哉？故學究身心者，身不精，則有生死榮辱之累；心不精，則有好惡是非之攻。故曰：究性與命，自身心始；

如忽身心而不究，雖讀五車三藏，終與身心何益哉？

對於經教，儘管學富五車、精研經教，如果不能通達禪宗之旨，不究性命之學，終究無法了脫生死。

## 三教會通

佛教發展到明末，已經在中國立足久遠，學說非常成熟，也與儒、道兩家思想有了合流會通的論述，開創學術上的新境界。三教合一或三教同源的論調已形成風潮，甚至瀰漫整個社會。

真可對於三教的主張，亦採取會通的態度。真可雖身為禪者，但他相當喜歡讀書；除了佛典之外，涉獵的範圍也包括儒道二家的書籍。在《全集》、《別集》中，所提到的外典範圍廣泛，除了儒家十三經、四子書外，還包括《莊子》、《老子》、《墨子》、《文中子》、《揚子》等書。對於儒、道，真可抱持的態度為——

## 一、三教並行不悖

真可認為，佛教的三歸依與儒家的三綱、五戒與五常等出世法與入世法並無分別，只是聖人應所教化的眾生而設教不同：

蓋世法變極，不以出世法救之，則變終莫止；出世法變極，脫不以世法救之，則其變亦終不止。故迦文老子將涅槃時，付囑國王大臣，金湯正法，即此意也。然孔釋之徒，世不多憂深慮遠之人，所以二氏不得相資而救弊，則必相毀而弊愈生焉。

總之，真可主張，入世法與出世法應該是相輔相成的關係，不應當相互詆毀批評。

## 二、三教會歸一心

真可認為，三教之間，最初是無分別的，會歸於一心：

夫一心不生，則聖凡無地，物我同光。是故聖人不同，而此心此道，未始不同也。……大都聖人應世，本無常心，但以百姓心為心；故凡可以引其為善者，靡所不至。……後世三家之徒，不達聖人本意，互相是非，攻擊排斥，血戰不已，是何異操戈而自刃也。

真可言「一心不生」，則三教就沒有根本差異，皆是聖人應世間眾生的心而教化。但是，後來的學人與信眾不明白聖人的本來心意，結果三教之間互相攻擊，有如入室操戈、自相殘殺。孰不知，皆是惑於名相之失：

宗儒者病佛老，宗老者病儒釋，宗佛者病孔病李；既咸謂之病，知有病而不能治，非愚則妄也。……且儒也、釋也、老也，皆名焉而已，非實也。實也者，心也。心也者，所以能儒能佛能老者也。噫！能儒能佛能老者，果儒、釋、老各有之耶？共有之耶？又已發未發，緣生無生，有名無名，同歟？不同歟？

知此乃可與言三家一道也，而有不同者，名也，非心也。

簡言之，真可稱「三家一道」，只不過是名相教法不同而已。

## 三、三教徹悟自心

真可認為，儒釋道者，先要妙悟自心，心性徹底覺悟，然後博通群書，將這些道理靈活運用在世間或出世法上：

唯悟徹心光者，信手便用。……如是之用，出世即名為佛，經世即名為儒，養生即名為老。

且道一心不生，僧耶？老耶？儒耶？於此直下廓然無疑。在儒謂之真儒，在老謂之真道，在佛謂之真僧。

無論儒釋道哪一家，只要能放下對所學的執著，便能妙悟自心，直下廓然無礙，而運用自在；一心不生，也不會有儒釋道名相的分別了。

## 四、會歸佛教

真可雖然不排斥儒、道，主張三教融合，也常引用儒、道的觀念和名相，但並未失去弘揚佛教的基本立場。例如，程朱、陸王等宋明理學於明末十分流行，真可順應時代潮流，喜歡套用理學論說形式和常用的語言，尤其是對於理學家探討的心性問題，真可以性、心、情、理，四者來對應，甚至摻雜陰陽五行之說，或《易經》六十四爻的理論；不過，其雖然引用理學的名相或觀念，但真正的思想內涵並沒有偏離佛法。例如，他說：

> 情即心也，以其應物有累，但可名情，不可名心。心即情也，以其應物無累，但可名心，不可名情。然外性無應與不應，累與不累耳。若然者，情亦性也，心亦性也，性亦心也，情亦心也。有三名而無三實，此乃假語言而形容之。

至其真處，大非言語可以形容彷彿也。

以上所說的情、心、性三者，如同《大乘起信論》所說的阿黎耶識、如來藏與真如三者，「有三名而無三實」，即同《大乘起信論》所說的：

究竟離妄執者，當知染法、淨法皆悉相待，無有自相可說。是故一切法從本已來，非色非心、非智非識、非有非無，畢竟不可說相。而有言說者，當知如來善巧方便，假以言說引導眾生。

既然真實究竟處不是言語所能形容彷彿的，即佛教所說的「唯證乃知」了。真可把佛教的「五戒」與儒家的「五常」，解釋成名異而實同：「不殺即孔之仁，不盜即孔之義，不邪淫即孔之禮，不妄語即孔之信，不飲酒即孔之智。」又把佛的「如來」尊號與五常的五種美德揉合一起，即著名的〈五常偈〉：

南無仁慈佛，愛人如愛己，此心常不昧，如來即出世。

南無義氣佛，愛人必得所，臨事不苟且，立地成正覺。

南無禮節佛，事事要明白，長幼序不亂，世尊即是你。
南無智慧佛，變通無滯礙，扶正不扶邪，化苦而為福。
南無信心佛，真實無所改，一念與萬年，始終常若一。
如是五如來，人人本自有，善用佛放光，不善佛滅度。
我願一切眾，死生與好惡，務須善用心，莫被情欲轉。
生時佛不死，死時佛豈滅？不滅不生處，此是吉祥地。

〈五常偈〉通常被視為佛學儒化的代表。然而，其表面上將佛的稱號冠以儒家的五種美德；文中「死生與好惡，莫被情欲轉」、「不滅不生處，此是吉祥地」，最終仍是導入佛教解脫生死、涅槃寂靜的義理，將儒學的五德收攝在佛法的體系內。

身為高僧的真可，畢竟還是認為佛教實際上高於儒、道二家。他說：

唯佛一人，即緣生而能無生，即無生而不昧緣生；遮之照之，存之泯之，譬如夜珠在盤，宛轉橫斜，衝突自在，不可得而思議焉。故其遠窮近徹，如見掌心文理，鏡中眉目也。吾故曰：終天下之道術者，其釋氏乎？

真可在此提出了佛學高於其他二家的見解，以釋氏為「終天下之道術者」，唯以釋氏能夠「滿證自心」，道術的極至在佛而非儒、道。真可並指出儒、道二家的不足：

老氏亦東方聖人也，若究其所歸，本與儒同宗。昔人曰：老氏之學源，易謙卦也。雖然，窮生死之故，究性靈之極，設不學佛，終難徹了。何以故？蓋窮靈極數之學，苟非滿證自心，事理無礙者，終未易明也。

如能究徹緣影之心，則靈明始凝。又，靈明凝定，亦有淺深。如斷見思惑，得羅漢果；斷塵沙惑，得菩薩果；斷根本無明盡者，始得佛果。故曰：心數理妙，孔老未知也。

理學家認為佛家屬於出世之學而詬病，但真可認為這正是孔老所未知、而釋氏勝於二者之處。

其他如十篇的〈解易〉，是對於外典的闡釋。真可深通易理，但並非純然為釋《易》而作、援佛入儒，而是以佛教的義理來詮釋。與憨山的《大學綱目決疑．題辭》、藕益的《四書解》，都有異曲同工之妙；目的不在於深入外典，而是以佛家的立場詮釋外書，將之歸納於佛學系統下。

【註釋】

註一：除了〈毗舍浮佛偈〉外，其他六佛偈為——

毗婆尸（Vipaśyin）佛偈：

身從無相中受生，猶如幻出諸形象；
幻人心識本來無，罪福皆空無所住。

尸棄（Śikhin）佛偈：

起諸善法本是幻，造諸惡業亦是幻；
身如聚沫心如風，幻出無根無實性。

拘留孫（Krakucchanda）佛偈：

見身無實是佛見，了心如幻是佛了；
了得身心本性空，斯人與佛何殊別。
拘那含牟尼（Kanakamuni）佛偈：
佛不見身知是佛，若實有知別無佛；
智者能知罪性空，坦然不懼於生死。
迦葉（Kaśyapa）佛偈：
一切眾生性清淨，從本無生無可滅；
即此身心是幻生，幻化之中無罪福。
釋迦牟尼（Śākyamuni）佛偈：
法本法無法，無法法亦法；
今付無法時，法法何曾法。

註二：真可《全集・園中語錄・法語三》中指出「盲師七大錯」，節錄其要點如下——

此來佛法大患，患不在天魔外道，患在盲師資七大錯耳。

一者，以為禪家古德機緣，可以悟道，悟道斷不在教乘上。

二者，以為知見理路，障自悟門，道不從眼耳入，須一切屏絕，直待冷灰豆爆，發明大事，始為千了百當、一得永得。

三者，以為念佛求生淨土，易而不難，比之參禪看教，唯此著子最為穩當。

四者，有等瞎公雞，聞真雞啼、假雞啼，皆倣效作種種聲，以為動念即乖本體，思量便落鬼家活計。況復有言乎。

五者，人生未必無欲。有欲能制而弗隨，非賢者不能。又有縱而不制者，頗藉多生慧種，稍涉獵教乘，或得一知半解；即眼空一切，以為古人造理不過如此。本來無事，何必別參？於逆順境風之中，又東飄西蕩，作不得一毫主宰。

六者，三教中人，各無定見。學儒未通，棄儒學佛；學佛未通，棄佛學老；學老未通，流入傍門。無所不至。……天機淺陋，反疑佛經，豈非大錯？

七者，今之僧俗，或親師訪友，未見師友之心，便乃揣摩卜度，某師不過如此、某友亦不過如此。此心既生，則雖如來復起，亦不能利益渠矣，況其他乎？

註三：謂塗有毒料、使人聞其聲即死之鼓。原本以之譬喻《涅槃經》所說佛性常住之聲，能殺害眾生之五逆十惡，使入於佛道：禪宗則以此比喻師家令學人喪心或滅盡貪、瞋、癡之一言一句之機言。

註四：即四種簡別法，為臨濟義玄所施設，即能夠應機應時，觀機逗教地自在教導學人的四種規則——

（一）奪人不奪境：即奪主觀而僅存客觀，以破除對人、我見之執著。

（二）奪境不奪人：即奪客觀而僅存主觀，以破除以法為實有之觀點。

（三）人境俱奪：即否定主、客觀之見，兼破我執與法執。

（四）人境俱不奪：即肯定主、客觀各各之存在。

# 参・傳承弟子

> 歲寒霜雪，紫柏用光；其道既光，門庭益峻。壁立懸崖，大有徑庭；望之者栗，親之者退；棘棒一條，全無忌諱。

真可在明末當世是位享有盛譽的高僧，向其問道的緇衣與白衣弟子不計其數。根據真可的五世法嗣解印在〈密藏禪師遺稿後跋〉中的說法，真可的入室弟子有：

> 我紫柏尊者有徒七人焉，一密藏祖，二幻予祖，三寒灰祖，四幻居祖，五澹居祖，六洞聞祖，七慈音祖。其擔荷翻刻大藏經者，惟密祖與幻予祖也。恢復化城，中興刻藏者，乃澹祖也。幻居、寒灰二祖者，贊襄刻藏者也。洞祖不預焉，慈祖無聞也。

根據解印之說，真可有弟子密藏、幻予（余）、寒灰、幻居、澹然、洞聞、慈音等七人；然而，與其他資料相互考證的結果，可以發現其實應不只上述七人。例如，助澹然刻藏復寺的在介、從葬於雙徑的性田、在真可遷化三十年間積極尋求畫像的仲光等，都不在解印所謂的七弟子當中。

至於《全集》與《別集》中受示的元信、元復、元廣、如聞、如超、法鐘、法立、法屬、法密、修聞、修慈、覺皮、覺生等人，他們與真可的關係，究竟是入門弟子或者只是參學問道者，則由於資料不足，已無從考證。

以下擇要介紹真可的弟子。

## 密藏道開

密藏道開，南昌人。本已在南海出家，習外道長生之術；由於修習有所成，因此相當自負。萬曆十年，道開因慕真可之風，而前往浙江檇李（今浙江嘉興）參訪。于元凱〈密藏禪師遺稿序〉中記錄了兩人初次見面的情形：

（道開）初見尊者，對坐引古今、論性命，尊者不答。至三晝夜，尊者知其機鋒已盡，始語之曰：「吾以汝為奇男子，乃含沸矢噴人耶？」師大驚悟，伏地叩頭，流汗透體，從此追隨杖履幾二十季。

初次的見面，道開自恃高傲，引經據典，滔滔不絕地論性說命。真可以一語「吾以汝為奇男子，乃含沸矢噴人耶？」的當頭棒喝，驚得道開汗流浹背，道開深為折服，從此追隨於真可座下。

道開訪真可時，真可正與法本及馮開之等人討論刻藏的事宜。道開早在萬曆十年時就有刻藏之願，於是便承接下整個工作。在定下刻藏之盟後，道開便積極展開籌畫，並在萬曆十五年與十大護法居士共立刻藏願文。對於整個刻藏工作的進行，舉凡資金的籌措、刻藏道場的選擇、刻例的訂定等事宜，道開都親躬其事。真可是刻藏工作的精神領袖，真正執行者則是道開，道開因此被稱為「藏主」。

除了幫助真可推動方冊藏的刊刻外，在復寺工作上，道開也給予真可很大的助力。特別是在復興楞嚴寺一事上，道開不僅在復寺工作上總括其事，寺成後並親自訂定〈楞嚴寺規約〉與〈楞嚴寺禪堂規約〉。由〈規約〉中大至基地的分授、住持的擇定，小至收支簿的登記、禪僧私出的罰則等事宜，均有鉅細靡遺的規定，可以看出道開心思之縝密與處事的嚴謹。

真可的個性剛烈，在度法上相當直截嚴厲，即便是對俗眾亦不例外。道開則不然，他的個性較為溫和；這點由《密藏開禪師遺稿》中，道開與群公之間的書信可以看得出，信中行文語氣多和徐舒緩，殷殷勸誡，諄諄教勉。因此，真可與信眾之間的往來，有時多仰賴於道開。

真可在〈付密藏開侍者〉一文中，就曾歷述陸光祖、于中甫、傅廣居與繆仲淳等人的優缺點，並囑咐道開必當「覿面細論之，痛囑之」。若非道開之善於接人，真可又何需委於他？馮夢禎也曾說他：「（受真可啟發）自此始沉酣內典，參究宗乘。後得密藏激昂，稍有所契。」

道開本是一個口才極佳、頗有修為之人，再經真可的棒喝後，更是有所醒悟；因此，在接引大眾時，往往能應機而用。錢謙益在〈密藏禪師遺稿序〉中稱他：

其為人仕者教忠，顯者教退，亢者教隱，競者教恬。根器濡弱者醒之，以月愛情塵軟煖者觸之。以冷雲筆舌聰明自負宗眼者，必勦其；扳援搜其負墮，俾命根刮斷而後已。智眼分明，慈心諄複，熱血痛淚，至今淩出於紙墨之上。

道開不論是在真可佛教事業的推動或護法信眾的接引上，都扮演著相當重要的角色。真可凡事皆委任給道開，他曾稱讚道：「密藏應世才能」。真可不僅時常言及道開，付道開的法語、書信、詩偈數量也相當多。

萬曆二十八年，真可因三大負事來往奔波於京城各界。憨山的被誣，其實與朝廷的立儲紛爭有密切關係；而礦稅的罷止，更會直接影響到既得利益階層。明末政治何其混亂、黨爭何其嚴重，真可的行為很快就引起部分當權人士不滿。有見於真可處境的危險，弟子紛紛寫信勸他離開，道開卻也在此時隱去。憨山〈塔銘〉、《普陀洛伽新志》具稱道開「以病隱去」，陸符、道盛等人則言其為勸諫真可而刺血隱去。

考察真可與道開往來的信函中，可以知道，由於對刻藏工作的投入，道開身體情況已每況愈下；在給馮開之的信中，真可也曾經提及「密藏養病未還」之語。憨山〈塔銘〉中則亦提及弟子紛紛勸真可離京之事。因此，綜合兩派之說，道開之隱應是在刻藏之工作已有一定的基礎下，為勸諫真可而刺血稱病隱去。

至於道開隱遁之年，真可在與馮開之的信中曾說：「密藏養病未還，幻予化不復返。……貧道年在耳順。」等語，又在〈念雲勤上人接管寂照刻場緣起實記〉中有：「藏公匿跡，遠引幻予師代總其事。……二十九年勤上人接管。」幻予在接替道開不久之後就遷化了，繼之總其事的為念雲。真可耳順之年在萬曆三十年；故知道開之隱，當在萬曆二十九年以前。

道開隱去後，真可分外思念，作有〈新秋念開郎〉與〈潔陽結夏念開侍者〉二首詩，不僅表達出相當的懷念與傷感，同時更希冀道開能夠歸來。然而，道開自此以後再也沒有出現，真可也沒有因道開之隱而避去牢獄之災。

## 性田

性田（生年不詳，西元一六〇四年卒）本是常熟人，外表醜陋，體格壯碩，性格桀傲難馴。年幼時曾事慧日寺古林，不久後古林即將之遣為真可的侍者。個性剛烈的性田獨為真可所折服，事師戰戰兢兢，不敢稍有怠慢。陸符〈略傳〉中言：

（性田）獨祇侍唯謹，領頤指使，氣息相應。即中夜承諾，警覺無寐。少不知書，索卷籍筆，箚隨所命必應手。師有所往，頂笠即行，一肩追隨，若預裝者。嘗呼為小道人，或命為田道。

儘管性田侍奉真可如此地小心謹慎，甚至因而有「小道人」的美稱，卻仍有不盡師意之處。真可的性格剛烈，對於弟子的要求更是嚴格，稍有過錯即痛責重杖。憨山〈示性田徒海耕行者〉言：

田道人者，從達大師二十餘年，寢食俱廢，一息未嘗少怠。小有過差，痛責重杖，居常兩腿如墨，竟不起一怨心、出一怨言。

真可對性田嚴格若此，如不是性田具有堅毅不拔的精進求道之心，恐怕也早已離去。甚至有一次，不知性田犯下何錯，真可竟將之逐離：

一日逐之使去，田哀嚎無所出，故嘗向大士禮清淨三業文。是日聲鳴甚悲，音齒忽異。師問知為，田乃復令入，自此不復加杖。

以性田執侍之嚴謹，應不會犯下何等大錯，真可卻將之逐去，可見其教法之嚴峻。然而，性田並沒有因此而起怨恨瞋惡之心，反而誠心禮佛懺悔，足見其事師的恭敬無怠。

當時叢林師道普遍低落，往往一語喝及，弟子就終身不再近師。性田的恭謹，可謂叢林事師的最佳典範。

性田追隨真可二十餘年，隨師行腳各地，無須臾不從；甚至，在真可遭陷入獄時，性田更是以死相從，隨侍於獄中。這種精神，連憨山在〈示性田徒海耕行者〉也讚譽有佳：

在寂寞苦空門中，竟何所圖，乃能精進堅強不拔如此哉！由是觀之，較古忠臣義士所絕少者，今於道人見之矣！

真可欲坐化，性田聞之痛哭不已；他雖為師所斥，從中卻可看出，性田對真可深摯的孺慕之情。真可坐化後，性田往江南報訃，隨後又旋即北上，奉師龕回徑山。一年之後，性田竟以微疾而死，後從葬真可於雙徑，塔於寂照庵放生池山左，名曰「侍者塔」。

性田有著超乎常人的桀傲，唯有較其更為剛猛之師，才能將之折服，而真可恰是其人。性田追隨真可二十餘年，甚至死後都從葬於師旁，師徒二人的因緣可謂匪淺。

# 澹居法鎧

法鎧（一五六一至一六二一），字忍之，別號澹居，俗姓趙，江蘇省江陰縣的巨族，其母夢見僧人趺坐在堂上而生。

他自小聰慧，相當有才名；雖然曾習科舉之業，但志在性命之學。父親過世後，法鎧即策杖孤遊。在太和遇道人傳授長生之術，在武昌遇到講良知之學，法鎧俱覺不相契。一日入僧舍讀《金剛經》至：「如來說諸心皆非心」時，忽然有所省悟，從此視佛門為歸心之地。

萬曆二十年，法鎧與真可相見於皖城。初次見面，法鎧即乞剃度，但是並沒有如願。後真可受阮自華之邀遊馬祖庵，是夜夢披有白鎧之人服事在側。某日，法鎧穿白衣而至，再次乞求出家，真可才首肯為之剃度。是年法鎧三十三歲，是真可的關門弟子。

出家後，真可命法鎧參究生死根本大事。法鎧即辭師入浙江天目山，開始頭陀的修行生活，依〈徑山化城寺澹居鎧公塔銘〉：

> 誅茅於分經臺，弔影藏修。單提向上，極力參究；蔬食不糝，單衣露肘。每降妄心，燃香爇臂。如是者三年，大有開發。……久之下天目，復過宣城，掩關於西樂。乃習荷重負，肩試四十斤經行，以苦筋骨；調昏睡，其道益進。後出關行腳，至匡廬，每過叢林坐廊下，忽焉達旦，寤寐一如也。

經過八年精進的修行後，法鎧於萬曆二十九年至都門省真可。一見真可，法鎧便問生死大事；在真可棒喝的開示中，法鎧多有省悟。《全集》中收有〈過知郎澹然齋〉與〈辭澹然居士〉二詩，詩中極富有禪機，為禪者間的對話。

萬曆三十年，法鎧入廣東浮山住聖巖寺；三十六年，以太使吳觀我之請，住持大華嚴寺。住寺期間，法鎧以佛事為本分，除接引來訪後學外，並集歷代諸祖的入道因緣彙刻成書。

三十八年，法鎧為了真可刻藏之願，還徑山主刻事。依馮夢禎舊議，復化城寺為徑山下院，以為貯藏經板處；同時又買太平寺田百畝供養常住，使刻藏之事無後顧之憂，得以繼續進行。

萬曆四十二年，法鎧知真可塔中有水，便和諸弟子積極商討遷葬一事；後謀得文殊臺，並邀憨山舉行荼毗入塔之事，使大師之靈有所歸。此外，法鎧還致力於《紫柏文集》的蒐集文稿與付梓。無怪憨山言：「達師末後一段光明，公之力也。諺曰：『棒頭出孝子』，公實以之。」更說：「斯為達師沒後弟子，無忝的骨者也。」

法鎧晚年多在行腳中度過。他常囑諸弟子言：「汝等袈裟下，各有一坐具地，何戀戀於此耶？」天啟元年七月，法鎧開始與諸護法道別，並託囑刻藏諸事。十月歸徑山。某日晚，在禮佛沐浴後，趺坐至天明而脫化，世壽六十一，法臘二十八。荼毗歸葬後，其弟子元亮向憨山乞塔銘，憨山給予極高評價。

真可的門庭嚴峻異常，令「望之者慄，親之者退；棘棒一條，全無忌諱。」但考察真可的生平可以發現，他在行腳時都有弟子隨侍在側。雖然真可對弟子分外嚴峻，但由於他的修證，以及禪機應用的直截與活潑，使得真正有心為道者，還是不遠千里而來；道開如是，法鎧亦如是。

再審道開、性田、法鎧等人，可以發現這些弟子與真可的形象相當接近。道開原本自恃甚高，滔滔不絕地講論性命之學，之後終在真可的當頭棒喝下清醒，從此以負荷大法為己任。這種形象，不正是當年真可入京訪遍融時的翻版？而性田個性的桀傲難馴，正如少年時期的真可；剛毅的個性，都成為他們日後修道不畏艱難的資糧。而法鎧一生的形跡，更近於真可。真可在受具足戒不久後，即閉關讀書三年；之後，行頭陀行，四處行腳參訪。這也正是法鎧的參修歷程。真可在有所修證後，便積極投入刻藏復寺與接引後學的志業，法鎧亦復如是。由於機緣的相契，使這些弟子成為真可克家之子（能繼承父業之子）。

憨山曾說：「予每見達師門庭峻絕，恆思後難其人。」然而，真正有心於道業之人，並不會畏懼門庭之峻絕。真可的弟子輩，不論是在事師、修行或是大法的護持上，都堪稱為佛門的最佳典範。

# 附錄

# 紫柏尊者年譜

| 歲數 | 西元 | 明朝帝號 | 年號 |
|---|---|---|---|
| 一歲 | 一五四三 | 明世宗 | 嘉靖二十二年 |

・六月十二日出生於江蘇省吳縣，俗姓沈。

| | | | |
|---|---|---|---|
| 五歲 | 一五四七 | 明世宗 | 嘉靖二十六年 |

・五歲不能語，有異僧過，摩其頂而言：「此兒出家，當為天人師。」言訖，忽不見，師遂能語。

・性雄猛，慷慨激烈，貌偉不群，弱不好弄，不喜婦人。飲酒恃氣，父母不能拘。長志日益大，慕古游俠之行。

| | | | |
|---|---|---|---|
| 十七歲 | 一五五九 | 明世宗 | 嘉靖三十八年 |

・願立功名，仗劍遠遊塞上。至蘇州閶門，遇虎丘僧明覺，同歸虎丘雲岩禪寺。聞僧夜誦八十八佛名，心大快悅。侵晨，請覺薙髮。

・隻身往平湖化鐵萬斤，造大鐘。

十八歲　一五六〇　明世宗　嘉靖三十九年

・閉户讀書，年半足不越閫。

・凡見僧有飲酒茹葷者，曰：「出家兒如此，可殺也！」

二十歲　一五六二　明世宗　嘉靖四十一年

・從講師授具足戒。嘗至常熟，遇養齋翁，識為奇器。留月餘。至嘉興東塔寺，見僧書《華嚴經》，乃跪看良久，歎曰：「吾輩能此足矣。」

二十一歲　一五六三　明世宗　嘉靖四十二年

・至武塘景德寺，掩關三年。

二十四歲　一五六六　明世宗　嘉靖四十五年

・復回吳門，辭覺，策杖行腳諸方，歷參知識，究明大事。

二十五歲　一五六七　明穆宗　隆慶元年

・參張拙《見道偈》而悟，自是凌鑠諸方。開示蘇州松陵丁慈音，《金剛經》「應無所住而生其心」句。過匡山，窮相宗奧義。遊五臺山，遇無名老宿開示。

三十歲　一五七二　明穆宗　隆慶六年

・同陸文定樹聲，參雲谷會公，扣擊華嚴宗旨，谷發揮四法界圓融之妙，歎為未曾有。

三十一歲　一五七三　明神宗　萬曆元年

・北遊燕京，謁暹法師於張家灣，謁禮法師於千佛寺，又訪笑岩德寶於西方庵，末後參遍融長老於法通寺。深為遍融所折服，前後依止遍融九年。

・袁了凡於嘉善縣城東門大勝寺（塔院）習靜，與幻余法本倡議將梵筴本藏經翻刻為方冊本。

三十二歲　一五七四　明神宗　萬曆二年

・復歸虎丘省覺，於淞江掩關百日。

・於吳縣結識縣令傅光宅父子。

・於天池遇管東溟，相與莫逆。

三十三歲　一五七五　明神宗　萬曆三年

・大千潤公開堂於少林，結友往參叩。「以口耳為心印，以帕子為真傳」，恥之。歎曰：「西來意固如是邪？」遂不入眾，尋即南還。

・至嘉禾，見太宰陸五臺，心大相契。

三十七歲　一五七九　明神宗　萬曆七年

・南還，曾駐錫嘉善清風涇，訪雲谷禪師於大雲寺，遇侍者幻余法本談及刻藏之事，遂發願刻大藏經。

四十歲　一五八二　明神宗　萬曆十年

・南海僧密藏道開來訪，留為侍者，從此追隨坐下，負責刻藏、復寺之事宜。
・返吳門，省剃度師明覺。明覺已還俗，令其再剃髮出家，重披袈裟。
・江南沈周二氏，聚族歸之。至曲阿、金沙，賀孫于王四氏，合族歸禮之。

四十二歲　一五八四　明神宗　萬曆十二年

・復嘉興楞嚴寺。囑道開任恢復之事，陸五臺為護法，弟雲臺施建禪堂五楹。

四十三歲　一五八五　明神宗　萬曆十三年

・二月，楞嚴寺禪堂竣工，引錐刺臂血書對聯於禪堂楹上。
・仲秋，與董其昌、王肯堂於金陵攝山中，手授二人《因明入正理論》，勸研修唯識學。

四十四歲　一五八六　明神宗　萬曆十四年

‧年初，憨山書信請師往牢山。

‧於于園書《法華經》，以報二親。

‧聞妙峰師建鐵塔於蘆芽，乃送經安置於塔中，且與妙峰師計刻藏事。

‧七月，訪憨山於東海。相會於牢山山腳即墨城中。次日，邀師再入山，暢談十餘天，從此許為生平知交。

‧返都門，北游雲居，訪石經山，禮隋琬公塔。琬公塔院地已歸豪右，欲復琬公塔院，未果。冬宿於潭柘山嘉福寺。

四十五歲　一五八七　明神宗　萬曆十五年

‧春，決策西遊峨嵋。由三晉，歷關中、棧道至蜀，禮普賢大士，結識禪僧善真。順流下瞿塘，過荊襄，登太和，至匡廬。

‧尋歸宗故址，唯古松一株，師聞而興感，志願重興。冬，結制蘆芽山。

四十六歲　一五八八　明神宗　萬曆十六年

‧正月望日，即元宵節，道開約十善信聚會於燕京龍華寺共同盟誓，各發願言成就刻藏之事。

・八月，掛錫五峰山中。

四十七歲　一五八九　明神宗　萬曆十七年

・方冊藏開刻於山西五臺山紫霞谷妙德庵；由道開總理其事，法本輔佐。
・遊峨眉東還，結夏曲阿（今江蘇丹陽）。

四十八歲　一五九〇　明神宗　萬曆十八年

・初會湯顯祖於南刑部鄒元標舍。結夏於南京棲霞山棲霞寺。

四十九歲　一五九一　明神宗　萬曆十九年

・書寫《法華經》、《楞嚴經》二經，畫八部神像。
・登徑山，禮諸祖師骨塔，于比部（玉立）捐資重修徑山放生池。
・吳門佛國山天池寺，山門凋落，未得英檀。為倡二十人緣，人乞銀二兩，完茲勝事。

五十歲　一五九二　明神宗　萬曆二十年

・春正月，自清涼山攜諸法侶，謁晉陽方山（即太原壽陽方山土龕）李長者遺像，即唐代華嚴學者李通玄方山著論處與昭化寺。

・復北遊至潭柘，慈聖皇太后命近侍陳儒致齋供，特賜紫伽黎。辭讓紫伽黎於憨山。

・再訪雲居山，禮石經於雷音寺，啓石室，於佛座下得佛舍利三枚。皇太后迎佛舍利入宮供三日，並出資協助贖琬公塔院，與復雲居寺。秋七月與憨山同遊石經山，又請憨山撰文作記。

・與憨山同居慈壽寺西郊園中，為刻藏、續燈、振曹溪等事對談四十晝夜，以為平生快事。

## 五十一歲

一五九三　明神宗　萬曆二十一年

・春，應華亭徐太僕琰之請，掛錫燕山碧雲柳樹庵，讀靜琬石壁經碑跋。信宿碧雲寺，雲莊禪丈為設浴，於其禪室睹什師道影。

・秋，先至江西匡山等候憨山共赴曹溪。

・遊皖城，偕阮自華登馬祖庵，是夜夢披白鎧人侍側，後江陰趙我聞著白衣求剃度，許之，因命「法鎧」，為最後關門弟子。

・以五臺山冰雪苦寒，移刻藏所至徑山主寺興聖萬壽禪寺。

五十二歲　一五九四　明神宗　萬曆二十二年

・八月之初，掛搭匡廬，忽構瘧疾，寒熱交楚，神識煎惶，將百日有餘。

五十三歲　一五九五　明神宗　萬曆二十三年

・三月，候德清於湖口石鍾寺。

・聞憨山被誣以私創寺院，許誦《法華經》百部，冀憨山不死。單身赴曹溪禮禪宗祖庭。十一月，與憨山會於南京下關旅泊庵，囑後事於憨山。

・訪湯顯祖於遂昌，同遊古跡唐山寺。

・《長松茹退》出版。

五十四歲　一五九六　明神宗　萬曆二十四年

・神宗派遣大批太監為稅使，至各地專門征榷礦稅。

・掛錫王肯堂之「誠閑堂」。

五十五歲　一五九七　明神宗　萬曆二十五年

・於吳江觀音大士像前，偶閱《大寶積經・兜率天授記品》，觸著我釋伽如來微笑光劍。是時也，但覺根外無境，境外無根，根境各不相到，直得一切凡聖窩窟，不蹋自翻。

五十六歲　一五九八　明神宗　萬曆二十六年

・三月，登武當山玄武廟，與陸光祖相遇於臺山。結夏襄之隆東華嚴寺，後還潯陽（九江）悼念故友匡石（邢懋學）。
・十二月自廬山歸宗寺來臨川，於二十九日黃昏，舟次筠溪石門寺西南隅者。五遇湯顯祖於臨川。

五十七歲　一五九九　明神宗　萬曆二十七年

・正月初，與湯顯祖、臨川知縣吳用先一同訪疏山石門寺，又往南城從姑山憑弔羅汝芳。
・在匡山聞南康太守吳寶秀拒礦監被捕入獄。策杖北上，並入獄授吳公〈毗舍浮佛偈〉，吳持至八萬而獲釋，甚為感念。
・刻場又移至徑山寂照庵。

五十八歲　一六〇〇　明神宗　萬曆二十八年

・以「憨山不歸、礦稅不止、傳燈未續」為三大負事。門弟子皆知都下側目，相繼奉書勸出，道開侍者刺血諫師隱去。

五十九歲　一六〇一　明神宗　萬曆二十九年

·滯留京師，曾暫住明因寺，夜夢十六僧負貫休所畫羅漢待售。

·因道開以病隱去，刻藏之事由寒灰如奇與幻余法本負責，但幻予法本不久因病圓寂。後由道開之徒念雲接管徑山寂照刻場。

## 六十歲

一六〇二　明神宗　萬曆三十年

·三月，御史康丕揚疏責。

·有《自題》詩一首於赫山會延慶寺，語含預讖。

·有天台昆岩鄭居士問清淨本然之旨。

## 六十一歲

一六〇三　明神宗　萬曆三十一年

·妖書案發，因沈令譽受牽連。十一月二十九日在西山潭柘寺被捕入錦衣衛受審。初五日轉送刑部，十四日擬罪，十五日定罪，聞之曰：「世法如此，久住何為？」獄中數度遭刑杖，絲毫不為所動，圜中自在說法。十六日，臨化說偈九首。十七日辰時，趺坐安然而逝。世壽六十一，法臘四十一。被判待命六日，坐風露中，顏色不改。徙身浮葬於京城慈慧寺外。

一六〇四　明神宗　萬曆三十二年

·春夏京師大水。弟子憂真可肉身為水所化，及孟秋十三日，陸西源開棺啓視，端坐如生，歎未曾有。因獄中説偈有「怪來雙徑為雙樹」語，江南弟子遂定議歸徑山。龕歸江南，途中乞求啓視瞻禮者眾多。九月，奉龕歸徑山，供寂照庵。

一六〇五　明神宗　萬曆三十三年

・侍者性田死。

・錢謙益夢真可囑咐。

一六一〇　明神宗　萬曆三十八年

・法鎧還徑山主刻藏事宜，從馮夢禎舊議，與吳用先復化成寺為徑山下院，貯藏經板。

一六一五　明神宗　萬曆四十三年

・朱國禎禮紫柏塔，知內有水，移塔至開山，與繆仲淳、法鎧等合議，改葬文殊臺，卜定荼毗與歸靈骨日期。

一六一六　明神宗　萬曆四十四年

・十一月十九日荼毗，由憨山撰祭文主法。二十三日歸靈骨入塔於文殊臺，世稱紫柏臺；旁有性田之塔，號侍者塔。弟子法鎧建塔，憨山撰〈達觀大師塔銘〉刻於塔，歷述真可一生事蹟，以盡生平法門之義。門人輯作品刊行於世。

一六二〇　明神宗　萬曆四十八年

・明神宗崩逝，臨終遺詔廢礦稅。八月，朱常洛即位，停止所有礦稅，改元泰昌，是為明光宗。

一六二〇　明光宗　泰昌元年

・法鎧持《紫柏集》見顧大韶。顧大韶為校定二十卷，後法鎧攜往廬山。

一六二一　明熹宗　天啓元年

・憨山校閱《紫柏老人集》。

一六四五　南明福王　弘光元年

・《嘉興藏》的正藏部分，由利根繼慶全部完成。

一六六三　清聖祖　康熙二年

・錢謙益輯《紫柏尊者別集》四卷，卷末有《附錄》一卷。

一六七七　清聖祖　康熙十六年

・《嘉興藏》又續刻，至此全藏竣工。

# 參考資料（依作者姓名筆畫排序）

## 專書


卜　鍵，《無爲而治——嘉靖皇帝》，草原文創出版社。
杜婉言，《失衡的天平——明代宦官與黨爭》，萬卷樓出版社。
沈德符，《萬曆野獲篇》，上海：上海古籍出版社，二〇〇七。
邱敏捷，《參禪與念佛——晚明袁宏道的佛教思想》，商鼎文化出版公司。
孟　森，《明代史》，中華叢書編審委員會出版。
野上俊靜，釋聖嚴譯，《中國佛教史概說》，法鼓文化出版社。
范佳玲，《紫柏大師生平及其思想研究》，法鼓文化出版社。
陳時龍，《正説明朝十六帝》，聯經出版社。
張國紅，《嘉興藏的發起人——紫柏大師傳》，佛光文化出版社。
黃仁宇，《萬曆十五年》，臺灣食貨出版社。
曾普信，《中國禪祖師傳（上）》，佛光文化出版社。
彭楚珩，《歷代高僧故事》第四輯，圓明出版社。
黃懺華，《佛教各宗大綱》，天華出版公司。

費振鐘，《墮落時代》，立緒文化出版社。
道　開，《密藏開禪師遺稿》，《嘉興藏》，二三冊。
福善記錄、福徵述疏，《憨山大師年譜疏註》，《大正藏續補編》，一四冊。
楊國楨、陳支平，《明史新編》，雲龍出版社。
德清校閱，《紫柏老人全集（上・下）》，和裕出版社。
錢謙益輯，《紫柏尊者別集》，《卍續藏》，一二七冊。
蕭本雄，《達觀俠義僧——紫柏大師》，法鼓文化出版社。
釋見一，《漢月法藏之禪法研究》，法鼓文化出版社。
釋見曄，《明末佛教發展之研究——以晚明四大師爲中心》，法鼓文化出版社。
釋果祥，《紫柏大師研究——以生平爲中心》，東初出版社。
釋果燈，《明末清初律宗千華派之興起》，法鼓文化出版社。
釋聖嚴，《明末佛教研究》，法鼓文化出版社。

## 論文

毛文芳，〈晚明「狂禪」探論〉，《漢學研究》第十九卷第二期，民國九十年十二月。
王彥明，〈錢謙益與嘉興藏考論〉，《新世紀圖書館》第一期，二〇一三年。

王啓元，〈從五臺山到徑山——密藏道開與嘉興藏初期經場成立論考〉，《法鼓佛學學報》第二十期，二〇一七年。
王鴻泰，〈倭刀與俠士——明代倭亂衝擊下江南士人的武俠風尚〉，《漢學研究》第三〇卷第三期，民國一〇一年九月。
江燦騰，〈晚明佛教叢林衰微原因析論〉，《諦觀》，一九九二年十月。
吳大昕，〈嘉靖大倭寇時期的地方官員——以松江府上海縣官員的活動爲例〉，「全球化下明史研究之新視野」學術研討會會議論文，二〇〇七年十月二十九日。
呂　澂，〈明刻徑山方冊本藏經〉，《呂澂佛學論著選集》第三冊，一九九一年，齊魯書社出版。
周憶梅，〈陽明心學與禪學關係之研究〉，華梵大學東方人文思想研究所，二〇一二年六月十九日。
孫中曾，〈明末禪宗在浙東興盛之緣由探討〉，國際佛學研究第二期，靈鷲山出版社出版，一九九二年十二月。
高　峰，〈論紫柏大師之死〉，《佳木斯大學社會科學學報》第二三卷第六期，二〇〇五年十一月。
陳玉女，〈明末清初嘉興藏刊刻與江南士族〉，《佛光學報》新四卷・第二期，二〇一八年七月。
〈晚明羅教和佛教勢力的相依與對峙——以五部六冊和嘉興藏刊刻爲例〉，《成大歷史學報》第四十號，二〇一一年六月。

〈明華嚴宗派遍融和尚入獄考——兼述隆・萬年間佛教與京師權貴的往來〉，《成大歷史學報》第二十四號，一九九八年十二月。

陳永革，〈論晚明佛學的性相會通與禪教合流——以晚明佛教四大師爲例〉，《普門學報》第十五期，二〇〇三年五月。

陳朶玉，〈達觀禪師與湯顯祖〉，《有鳳初鳴年刊》創刊號，二〇〇五年九月。

陳豪楚，〈徑山寺刻藏述〉，張曼濤主編，《大藏經研究彙編》（下），現代佛教學術叢刊，冊一七，大乘文化出版社。

程恭讓，〈明世宗排斥佛教考述〉，《中國佛教協會佛學研究》第十期，二〇〇一年。

黃文樹，〈王門弟子與佛教〉，《正觀》第二十九期，二〇〇四年六月二十五日。

黃莘瑜，〈論湯顯祖《南柯記》之佛教觀點的展現〉，「佛教思想與文學」國際學術研討會論文，二〇〇八年十一月。

楊向豔，〈續妖書案之達觀獄與萬曆政局〉，《西南大學學報》（社會科學版）第四三卷第一期，二〇一七年一月。

戴繼誠，〈紫柏大師與東林黨人〉，《普門學報》第三四期，二〇〇六年七月。

〈紫柏大師與湯顯祖〉，《浙江社會科學》第二期，二〇〇七年三月。

〈紫柏大師簡譜〉、〈紫柏大師與嘉興藏之刻印〉、〈紫柏大師與雲居寺〉、〈紫柏大師的平生三

大負〉。（網路貼文）
藍吉富，〈嘉興大藏經研究〉，《諦觀》，一九九二年七月。
〈嘉興大藏經的特色及其史料價值〉，《佛教的思想與文化》，臺北：法光出版社，一九九一年。
釋見曄，〈明太祖的佛教政策及其因由之探討〉，《東方宗教研究》，一九九四年十月。
釋法幢，〈徑山刻藏考述〉，《中華佛學研究》第十三期，民國一〇一年。

## 其他

《中國文明史八：明代（上中下）》，地球出版社。
慈怡主編，《佛教史年表》，高雄市：佛光，一九八七。
百度百科
維基百科
中華百科全書（網路版）

國家圖書館出版品預行編目(CIP)資料

紫柏真可：鐵膽禪僧／釋智嚴編撰 — 初版
臺北市：經典雜誌，慈濟傳播人文志業基金會，2020.01
400 面；15×21 公分 —（高僧傳）
ISBN 978-986-98029-6-3（精裝）
1.(明)釋真可 2. 佛教傳記
229.36 108022351

# 紫柏真可——鐵膽禪僧

創 辦 人／釋證嚴

編 撰 者／釋智嚴
主編暨責任編輯／賴志銘
行政編輯／涂慶鐘
美術指導／邱宇陞
插圖繪者／林國新
校對志工／林旭初

發 行 人／王端正
合心精進長／姚仁祿
傳 播 長／王志宏
平面內容創作中心總監／王慧萍

內頁排版／尚璟設計整合行銷有限公司
出 版 者／經典雜誌
慈濟傳播人文志業基金會
112019臺北市北投區立德路2號
客服專線／（02）28989991
傳真專線／（02）28989993
劃撥帳號／19924552 戶名／經典雜誌
印 製／新豪華製版印刷股份有限公司
經 銷 商／聯合發行股份有限公司
231028新北市新店區寶橋路235巷6弄6號2樓
（02）29178022
出版日期／2020年 1 月初版一刷
2021年12月初版四刷
定 價／新臺幣380元